中青年经济与管理学者文库

江苏高校哲学社会科学研究重大项目（2020SJZDA059）
江苏高校哲学社会科学研究重点项目（2017ZDIXM013）
中央高校基本科研业务费专项资金资助（2242021S20022）

企业环境信息披露的影响机制研究：基于多主体的视角

陈洪涛　著

中国财经出版传媒集团
中国财政经济出版社

图书在版编目（CIP）数据

企业环境信息披露的影响机制研究：基于多主体的视角／陈洪涛著．—北京：中国财政经济出版社，2021.11

（中青年经济与管理学者文库）

ISBN 978－7－5223－0803－6

Ⅰ.①企…　Ⅱ.①陈…　Ⅲ.①企业环境管理－信息管理－研究－中国　Ⅳ.①X322.2

中国版本图书馆CIP数据核字（2021）第195359号

责任编辑：马　真　　　　责任印制：党　辉

封面设计：智点创意　　　　责任校对：张　凡

企业环境信息披露的影响机制研究：基于多主体的视角

QIYE HUANJING XINXI PILU DE YINGXIANG JIZHI YANJIU：

JIYU DUOZHUTI DE SHIJIAO

中国财政经济出版社 出版

URL：http：//www.cfeph.cn

E－mail：cfeph@cfeph.cn

社址：北京市海淀区阜成路甲28号　邮政编码：100142

营销中心电话：010－88191522

天猫网店：中国财政经济出版社旗舰店

网址：https：//zgczjjcbs.tmall.com

北京财经印刷厂印刷　各地新华书店经销

成品尺寸：148mm×210mm　32开　6.875印张　180 000字

2021年11月第1版　2021年11月北京第1次印刷

定价：32.00元

ISBN 978－7－5223－0803－6

（图书出现印装问题，本社负责调换，电话：010－88190548）

本社质量投诉电话：010－88190744

打击盗版举报热线：010－88191661　QQ：2242791300

策划人语

题记：一个人的精神成长史，取决于他的阅读史。只有阅读能最有效地培养精神生活习惯，而好的习惯又培养性格，性格决定人生。

——我们自豪，因为我们就是创造这精神产品的人。

选择了飞翔，总能看到蓝天；选择了远航，总能感受大海。人生不仅要作出选择，也要坚持住自己的选择。学会计、当编辑是我的意外选择。人说编辑是为人作嫁，可是这一选择我坚持了27年，苦在其中，乐在其中，也算是有声有色。每当我把一本本好书呈献给人们的时候，我觉得我是“富贵”的人：富，不是你身上的钱财，而是你心里的满足；贵，不是你地位的显赫，而是你被人需要的程度。

书海探寻，情怀永恒

我要说，做编辑我幸运，因为我不仅是第一个读者，可以对作品“品头论足”，也可以对作品“生杀予夺”；更重要的是，这是一个很高层次的平台，在多年与名家的交往和名著的“对话”中，深深地为他们的人格和才学所感动，被作品的精彩所吸引，这不仅使我“下笔如有神”，更使我的思想和灵魂也受到一次次洗礼和震撼，得到一次次升华。对于我的作者我的书，如数家珍，作者中不乏才学和为人同样过人的多位泰斗和“颜值高责任大”的众多才子佳人；策划的作品不仅立足专业还兼顾人文，也是情怀所在，专业加人文路才会更宽。

多年的体会是，作为一名编辑，起码要“三心二意”，即“责任心、细心、耐心”和“服务意识、创新意识”。要多策划一些有分量的拳头产品，用一个选题推动一个系统工程，用一个系统工程培养一个出版社品牌。给新入职编辑讲座时我做过一个比喻：编辑两项基本功，审稿——甚至要比博导审批学生论文还要全面、细致；选题策划——要像电影导演一样做“星探”，善于发现优秀作者和挖掘好的原创作品。记不得27年来我策划和编辑了多少书，组织和策划了一大批教材、业务培训用书、通俗读物、理论专著等，有的获得过国家、省部级各类奖项，有的以其填补空白、社会热点、风格新颖、开拓尝试等特点受到读者的欢迎。20世纪90年代我开始自主策划选题，多年来每年都有新丛书问世。比如，21世纪初内部控制研究在国内刚兴起时，策划了《现代内部控制丛书》，其中的《企业内部控制管理操作手册》是我鼓励作者将自己饱含心血的经过长期钻研和实践并被证明有效的成果奉献付梓，使更多的人能受益于此，这无疑是对我国内部控制理论探索和实践发展的一种贡献，而内部控制选题至今还是热点。2013年的《来去无尘——一位财政部长的生前事》所展现的吴波精神，与深入推进党风廉政建设相得益彰，得到中央领导同志的高度重视和重要批示。中央各大主流媒体纷纷连续报道，掀起了全社会学习吴波高尚情操的热潮。2014 年至今的前沿选题《财务云丛书》等也越来越受到业界认可。

想是问题，做是答案

众所周知，目前的图书出版业在行业竞争和纸质图书受到严重冲击的情况下，出版人无不感到莫大的危机。在这种背景下，策划一套专业图书是颇感困惑的一件事，风险更大。但即使这样我们也不能因噎废食、停滞不前，还要积极应对，继续发挥纸质图书的固有特质，挖掘出版内容和形式都精彩的原创作品，适应新形势下读者的更高需求。2017 年，我们接受新的挑战，开启新的征程，又策划了《中青年经济与管理学者文库》《当代税收名家丛书》《中国税务律师系列丛书》《现代管理实务丛书》《高等院校应用型会计人才精细化培养系列教材》等，继续为扶持学术研究和总结最新成果，在高端研究与专业知识普及和应用之间搭建一座座有益的桥梁。

每一个时代的经济环境不同，理论研究和实务探索所需要解决的问题也有所差别。当前我国不仅处于经济结构调整和供给侧改革的攻坚期，同时也处于大数据和互联网突飞猛进的变革期，矛盾叠加，风险交汇，市场环境和组织模式不断演变发展、推陈出新，经济、管理、财税等领域的新理论、新思想、新方法、新工具也层出不穷。乱花渐欲迷人眼，击水三千浪几何？这些领域的研究人员被时代赋予了更艰巨的责任，也面临着更高、更多元的要求，我们不仅要具备更广阔的学术视野，而且要有更严谨的学术思维。

输在犹豫，赢在行动

《中青年经济与管理学者文库》的作者，都是我国经济与管理领域的中坚力量，也是未来的大家。他们中有些人潜心从事理论研究，有些人则深耕在实务一线，但无论现实身份如何，视野全都没有被拘泥在“象牙塔”内。他们从不同视角对市场经济的不同要素进行细致审视，然后汇聚于“财经版”这面旗帜之下，相互碰撞，彼此激荡，力求在市场经济转型升级的关键时期留下最新鲜的“中国印记”。

这些经济与管理领域的中青年学者，就是我国市场经济发展的潜力与优势，他们的研究成果，不仅将引领市场经济的各个组成环节向更科学、更先进的方向发展，而且将成为我国政府和企业在未来经济世界扮演更重要角色的支点与动力。祝愿这些中青年学者能攀上更高的学术之山，走向更远的研究之路，也期待宏观、中观、微观各个层面的市场参与者都能从这套文库中得到切实的启发与指引，在全面深化改革、增强发展活力的关键时期，发挥正能量和积极作用，为经济社会发展增添新的动力！

如果您认可，如果您有意愿，欢迎您和您的朋友加盟我们的作者队伍！在中国财经出版传媒集团的“旗舰”下，中国财政经济出版社这“老字号”，一定励精图治，谱写新的篇章。我们用“龙的精神，玉的品质”来助力您实现梦想！

策划人：樊清玉

邮箱：qingyuf@ sina. com

2017 年春

前言

面对日益恶化的生态环境，共同治理全球环境问题，已形成广泛的国际共识。我国作为全球生态文明建设的重要参与者、贡献者、引领者，积极参与全球环境治理，提出了“五位一体”总体布局，制定了“碳达峰”“碳中和”的战略目标。企业是碳排放的主体之一，也是环境治理中的关键环节。为指导和规范企业的环境行为，生态环境部、证监会等机构已制定一系列环境信息披露制度。由于企业环境信息内外部因素的影响，信息披露仍存在诸多亟须解决的问题。如何提高企业环境信息披露质量、规范企业环境信息披露行为是落实企业环境保护主体责任的现实问题。

本书以沪深A股上市公司为研究对象，通过分析企业年报和社会责任报告，赋值评价企业环境信息披露水平。以此为基础，从企业、媒体和政府多主体角度出发，结合中国独特企业管理情境和网络媒体发展现状，分析高管参军经历和同乡关系、网络媒体监督以及地方政府环境态度对企业环境信息披露行为的影响机制，以期丰富企业环境管理的理论研究，为政府部门制定相关制度提高企业环境信息公开的透明度提供决策依据。主要研究内容和结论包括以下三个方面：

首先，从企业层面研究了非正式制度情境下高管特征对企业环境信息披露质量的影响。针对现有研究多以高管的性别、年龄和教育经历等传统人口特征作为研究对象的不足，考虑中国企业独特制度文化背景，引入高管的早期成长经历和同乡关系，分析管理者的社会化属性以及性格特征对企业环境信息披露质量的影响。研究发现，参军高管的年龄增长有利于企业环境信息披露透明度的提高，而高管的性别对环境信息披露质量无显著影响。具有参军经历的高管所在企业的环境信息沟通意愿不高。相较于披露环境信息与外界沟通，参军高管可能更愿意专注于环境责任的履行。当董事长和总经理之间存在同乡关系时，可能从利己动机出发导致偏好效应，从而降低了企业环境信息披露质量。高管同乡关系的环境治理抑制作用在民营企业中更为明显，而在国有企业中不显著。

其次，从媒体层面研究了网络媒体关注对企业环境信息披露质量的影响。媒体作为重要的外部治理力量，是企业环境信息披露的重要影响因素。学术界已对传统媒体的环境治理作用进行了大量的研究。随着互联网的普及，网络媒体蓬勃发展，传统媒体受到巨大冲击。与传统媒体相比，网络媒体具有更好的时效性、更快的传播速度和良好的互动性。基于有限关注理论，考虑网络媒体的影响，探讨了媒体的环境治理作用。研究发现，随着网络媒体的加入，媒体报道能够促进企业环境信息披露水平的提高，报道的倾向性可以显著改善环境信息披露质量，负面报道会在更大程度上提高企业的环境信息披露水平。网络媒体报道的数量越多，引起的投资者关注度越高，企业整体环境信息披露质量则越好。网络媒体关注对企业软性指标披露影响显著，而对硬性指标披露改善不明显。

最后，从政府层面研究了地方政府财政竞争对企业环境信息披露的影响。在我国财政分权和晋升竞争制度下，地方政府可能存在削弱企业环境规制水平，以获取财政收益及晋升资本。基于逐底竞争理论，采用分层线性模型研究地方政府财政竞争、企业特征对环境信息披露质量的作用机制。结合地区和公司两层数据，通过分解固定部分与随机部分，分析环境信息披露影响是来自地区层面还是公司层面，探讨地方政府态度对辖区内上市公司环境信息披露的直接和间接影响。研究发现，企业性质和盈利能力直接影响企业环境信息披露水平。地方财政竞争不直接影响企业环境信息披露质量，而是通过调节企业性质、盈利能力与环境信息披露质量之间的关系产生间接影响。此外，按省份分组的研究发现，区域财政竞争程度越高，对企业环境信息披露质量的影响越显著。

本书由陈洪涛进行总体的设计、组织和统稿。其中，第1章由陈洪涛完成；第2章由陈洪涛和昝秋雨完成；第3章由陈洪涛和安茂琳完成；第4章由陈洪涛和缪静颖完成；第5章及第6章由陈洪涛和季晓佳完成；第7章由陈洪涛和韩威完成；第8章由陈洪涛和王彬龙完成。研究生安茂琳、王彬龙、黄凤婷、昝秋雨参与了书稿的后期整理工作。

本书的出版得到了多方的支持和帮助，在此作者感谢中国矿业大学管理学院姚圣教授、李强教授，东南大学经济管理学院岳书敬教授、李绍芳副教授、侯赟慧副研究员，本书选题的来源、结构的安排、结果的解释都得益于大家共同的讨论；感谢东南大学经济管理学院14416班同学，协助手工采集大量上市公司数据；本书是江苏高校哲学社会科学研究重大项目（2020SJZDA059）、江苏高校哲学社会科学研究重点项目（2017ZDIXM013）和中央高校基本科研业务费专项资金资助项目（2242021S20022）的阶段性研究成果，感谢相关机构资助；在本书的出版过程中，中国财政经济出版社樊清玉女士提供了很多便利和帮助，在此一并表示谢意。

受限于作者的知识积累和学术水平，本书难免存在一些不足和有待商榷之处，恳请广大读者批评与指正。

目录

第1章
绪　论

1.1　研究背景与意义

推动生态文明建设是关乎中华民族永续发展的重大课题。近年来，我国工业发展迅猛，经济快速增长的同时也造成了严重的环境污染。我国作为世界第二大经济体，于2006年超过美国成为全球最大的碳排放国，于2014年人均碳排放超越欧盟。为此，政府对环境发展可持续性越发重视，生态文明建设的重要性被赋予了新的高度。党的十九大报告指出，为了着力解决突出的环境问题，必须提高污染排放标准，强化排污者责任，健全环保信用评价和信息强制性披露等制度。2021年，“碳达峰”“碳中和”作为我国“十四五”污染防治攻坚战的重要目标，首次被写入经济和社会发展的五年规划。

企业是经济社会的重要构成，在创造大量社会财富的同时也成为环境污染的主要制造者。根据Climate Change发表的研究报告，1751—2010年全球大约63%的温室气体排放来自90家大型企业（Heede，2014）。环境信息披露作为企业环境监管的重要方式之一，是衡量企业环境质量的重要标准，是继控制与命令监管和市场环境监管之后的第三种重要的监管方式。如何规范和提高企业环境信息披露质量已成为亟待解决的重要问题。近年来，我国陆续出台了一系列企业环境信息披露规范性文件。2003年，原国家环保总局发布了《关于企业环境信息公开的公告》，规定地方环保部门要在当地主要媒体定期公布污染严重企业名单。2007 年，原国家环保总局又出台了《环境信息公开办法（试行）》，要求企业应当按照自愿公开与强制性公开相结合的原则，及时、准确地公开企业环境信息。最具代表性的环境信息披露规范性文件是 2008 年上海证券交易所出台的《上市公司环境信息披露指引》。指引要求若上市公司发生与环境保护相关的重大事件，应采取临时公告样式对环境信息进行严格披露，并进一步对相关披露程序进行了明确的说明。

在管理实践中，近年来我国上市公司环境信息披露质量逐年改善，但依然存在诸多问题。主要表现为，企业环境信息披露意愿不高、总体水平较低、行业差异较大（毕茜等，2012；李志青，2019；姚圣和张志鹏，2021）。具体来讲，环境信息披露的内容多为描述性、历史性信息，且披露不及时、不全面（胡静和傅学良，2011）。此外，环境信息披露方式不规范，在披露的显著性、量化性与时间性方面存在较大差异（李余晓璐，2011；程娜，2015）。理论界已有大量文献对企业环境信息披露行为的影响因素进行研究。研究认为，内部影响因素主要包括公司规模、行业类型、财务状况、所有权性质、高管特征以及公司治理结构，等等（Cormier 和 Gordon，2001；汤亚莉等，2006；Zeng 等，2010；毕茜等，2012；孟晓华，2014；Li 等，2019；于连超等，2019）。外部影响因素主要集中于媒体监督、政府监管、公共压力、环境规制、社会声誉等（Bewley 和 Li，2000；王建明，2008；沈洪涛和冯杰，2012；孟晓华和张曾，2013；王霞等，2013；郑思齐等，2013；姚圣等，2016）。为什么在政府、公众和其他利益相关方如此关注企业环境责任履行的同时，我国企业环境信息披露质量整体进步仍不明显？本书拟结合信息化时代背景和中国特定情境下企业文化背景，从多主体角度，分析高管参军经历和同乡关系、网络媒体监督以及政府环境态度对企业环境信息披露决策的影响机制，以期丰富环境信息披露影响因素的理论研究。

第一，从企业层面，考虑在中国独特文化情境下，企业内部非正式制度对环境信息披露行为有哪些影响？当前高管特征与环境信息披露行为的关系研究主要建立在正式制度情境下。根据高阶梯队理论，高管的性别、年龄、教育背景等人口特征将会影响其认知能力、思维方式和思想观念等方面，从而导致高管对环境问题持有不同态度，进而影响企业环境信息披露决策。近些年来，非正式制度下文化与公司决策的交叉研究逐渐成为公司治理研究的新趋势（吴世农，2018）。2015 年 7 月，著名金融期刊 Journal of Financial Economics 专门出版了一期有关文化与财务主题的特刊。前美国金融学年会（AFA）主席、芝加哥大学教授 Zingales 指出，“文化这一创新性的元素开始走进财务学的研究视野，为财务学的研究提供了绝佳的研究机会”（Zingales，2015）。因此，考虑到我国独特的制度、经济、人口和文化等背景，探讨高管社会特征（如同乡关系、早期成长经历等）对企业环境决策的影响机理，具有一定的理论价值和现实意义。

第二，从媒体层面，互联网环境中的网络媒体是否能发挥与传统纸媒体相同的环境治理作用？以传统媒体为代表的研究表明，媒体作为重要的外部治理力量，有助于企业和社会公众的沟通，且能够通过舆论的力量对企业施加压力，构成企业的合法性压力来源，并能在政府监管不足时发挥与之相似的治理作用。媒体对企业关注度的提高将有效改善社会责任披露质量、增加环保以及其他方面的社会责任投入（Deegan 等，2000；Lindgreen 等，2008；Reverte，2009；沈洪涛和冯杰，2012；王翊和许晓卉，2018）。根据中国互联网信息中心（CNNIC）第 47 次《中国互联网络发展状况统计报告》，截至 2020 年 12 月 31 日，中国网民规模达到 9.89 亿，普及率达到 70.4%。网络媒体不仅成为除报纸、广播和电视之外的第四大独立性媒体，也逐渐从边缘媒体发展成为主流媒体。网络媒体与传统媒体相比具有不同的特点。一方面，网络媒体不仅能更好地满足新闻传播第一时间到达受众的要求，还具有更好的时效性、更快的传播速度。此外，网络媒体打破了传统纸媒体“一对多”的传播模式，具有去中心化的高互动性特点。另一方面，网络媒体的信息生产者与信息消费者身份相互融合，“人人皆媒体”的新闻生产模式造成了信息可信度的下降。因此，考虑媒体传播环境的巨变，网络媒体如何影响企业环境信息披露行为值得进一步研究。

第三，从政府层面，在我国财政分权体制下，地方政府对于企业环境信息披露行为是否起到监管作用？在环保政策执行的过程中，中央政府、地方政府及辖区企业在经济发展与环境保护问题上出现了多重利益博弈，而地方政府处在多重博弈的核心地位（刘凌波和丁慧平，2017）。在多方博弈过程中，地方政府受中央政府委托管理辖区企业，对其生产活动加以规制，如控制其污染物的排放等。然而，在信息不对称的情况下，地方政府和辖区企业容易形成政企合谋的关系（聂辉华和张雨潇，2015）。因为，在政治锦标赛下，地方政府需要依靠辖区企业获得财政收入和晋升优势。近年来，频发环保社会冲突事件，从某种程度上反映了地方政府与辖区企业的合谋行为（张俊和钟春平，2014）。例如，2007 年厦门 PX 项目事件、2011 年大连 PX 项目事件、2012 年什邡市民抵制钼铜项目、2018 年福建泉港碳九泄露事件、2019 年盐城响水化工事件等。目前较多文献发现政府监管是企业环境信息披露质量的重要影响因素，但较少区分中央政府和地方政府的不同影响。因此，考虑地方政府环境态度对企业环境信息披露行为的直接和间接影响，是拓展政府环境治理作用理论研究的新方向。

1.2 基础概念的界定

1. 环境信息披露质量

信息披露制度也叫作“信息公开制度”，是指为了保护投资者的利益以及便于公众监督，上市公司需依照相关法律法规规定，定时公开与公司生产经营相关的信息。上市公司信息披露制度最早起源于英国，1720年“南海公司事件”的爆发，引发英国股市全面崩盘，继而英国国会出台“Bubble Act of 1720”，防止上市公司对公众的隐瞒欺诈行为。随后在1844年通过的《股份公司法》中，首次对信息强制性披露作出规定。虽然信息披露制度的起源和早期发展都发生在英国，但实际上美国于1933年颁布的《证券法》和1934年颁布的《证券交易法》，奠定了美国在信息披露制度中的核心地位。在美国1933年颁布的《证券法》中，首次规定上市公司实行财务公开制度，其核心内容也主要针对信息披露。在其后各国信息披露制度的制定中，美国《证券法》成为各国参考的对象。我国信息披露制度起步较晚，伴随20世纪90年代沪深两市交易所的成立，我国信息披露制度不断完善。在1992年以前，我国证券市场相对并不完善，缺乏系统的信息披露政策法规，而仅有的一些地方性法规则是我国信息披露制度的早期雏形。1993年中国证券监督委员会（以下简称证监会）颁布了《关于股票公开发行与上市公司信息披露有关事项的通知》，为我国企业信息披露制度的形成打开新局面。随后我国信息披露制度不断完善，至今已形成一套较为完整的信息披露制度体系。

环境信息作为披露的对象之一，其内涵十分重要。从环境学视角出发，环境信息是指经过加工的、能被公众和上级主管部门等主体识别和利用的、反映环境科学数据和指令等多方面动态变化的信息，是表征环境及管理过程中各要素的质量、数量、地理分布等信息。从会计学视角出发，环境信息是指可以用货币计量的环境事项如环境资产、环境负债、环境损益等及其他不能用货币计量的事项（刘思敏，2013）。环境会计信息主要反映企业的环境表现及经营业绩等内容，为投资人等相关主体进行决策提供依据。关于何谓环境信息，一些国际条例中也作出了规定。如欧盟颁布的《关于环境取消限制》条例中列示，环境信息应涵盖自然环境信息、环境影响、环境行为及管理等的数据；按《奥胡斯公约》中的界定，应包含生态、物种多样性等情况和对环境潜在影响的因素在内的所有信息，还有关于环境和发展的资料。因此，结合证监会对环境信息公开提出的要求，本书界定环境信息为：与企业生产经营活动相关，以一定形式记录和保存的环境影响和环境行为的信息，具体包括企业 ISO 认证信息、企业污染物排放及减排信息、企业环保投入等十个方面的信息。

环境信息披露制度的早期形态蕴含在社会责任信息披露中。20 世纪初，企业社会责任的含义主要概括为企业除了对股东负责外，还应该对股东以外的群体肩负义务。企业社会责任主要包括员工待遇、环境保护、消费者诉求、社区福利等方面内容，其中环境保护是企业社会责任内容中不可或缺的部分。这一时期，西方许多地区对企业环境保护所披露的内容、格式、程序等作出明确规定。1989 年，挪威 Norsk Hydyoy 公司率先发布第一份企业环境责任报告书。自此，环境信息披露在实践中蓬勃发展。从 20 世纪 90 年代开始，发达国家不断完善并形成制度化。例如，美国颁布的《固体废物管理法》《超级基金法》中，都对相关内容有明确的阐述。美国环保署通过《有毒物质释放清单》的方式，强制规定生产、消费或持有名录内化学品的企业需向美国环境保护署报告年度情况。美国证监会《S－K 规则》要求企业披露量化的环境信息，如为污染治理等花费的资本支出、因环境问题产生的诉讼费用等内容。日本在

1999 年将企业涉及的环境成本、收益、负债等内容予以法律化，构建环境会计基本框架。2003 年，在日本环保部门制定的环境报告指南中，要求企业对环境绩效信息予以表述。

环境信息披露的主体主要包括政府和企业，本书主要关注企业环境信息披露这一角度。企业环境信息是指企业生产经营过程对生态环境产生影响的相关信息。根据我国《上市公司环境信息披露指南（征求意见稿）》，企业环境信息主要包括企业污染物排放情况、企业环境守法或违法情况、企业环境管理情况，企业环境事件的处理情况等多方面的信息。“信息披露”则是指出于保护投资者利益的目的，我国上市公司需依照相关法律法规，采用特定的方式定期公开与其生产经营相关的信息。在经济社会不断发展的过程中，生态环境保护受到政府部门的高度重视，社会公众环保意识也逐步上升，使得企业环境信息披露的形态得到发展。目前，企业披露环境信息的途径主要包括企业年度报告、独立的社会责任报告、环境报告、可持续发展报告和公司官方网站等。综上，本书界定企业环境信息披露质量为：通过一定的方法对企业环境信息披露的情况进行量化评价，从而衡量企业与外界沟通环境信息的意愿。

2. 高管同乡关系和高管参军经历

“高管”，又称“高层管理者”。高管的概念最早由美国管理学家 Peter Drucker 于 1956 年提出。国外学者倾向于认为高管是“拥有知识并运用其进行创造性工作的人”（Woodruffe，1999），国内学者则认为高管是“给企业带来资本增值的职业人员”（王兴成，1998）。在公司的治理中，代表董事会的董事长与代表经营团队的总经理被认为是高管中最为核心的成员（戴亦一等，2016）。本书主要针对的“高管”为公司的董事长和总经理，不包括其他董事和监事。

同乡一词有大同乡和小同乡之分，主要依赖双方对原籍地理范围和方言文化的认同。根据《辞海》的解释，“同乡”又称为“老乡”，是指具有同一籍贯或出生地的人。费孝通（2008）在其著作《乡土中国》中提出以地缘与血缘界定同乡关系，并认为同乡关系不是固定团体，而是一个范围。现有研究对于“同乡”关系的衡量主要包括：（1）正式行政区域划分的出生地或籍贯（以省市区县划分），即当个体之间出生地或籍贯相同时，认为其互为“同乡关系”（陆瑶和胡江燕，2014；钱士茹和赵斌斌，2018）。（2）非正式方言区域划分的方言种类，即当个体间所使用的方言种类相同时，认为其互为“同乡关系”（杜兴强和熊浩，2017；胡建雄，2020）。基于此，本书将“高管同乡关系”界定为：公司董事长与总经理的出生地或籍贯一致性和方言一致性。当公司董事长与总经理的出生地、籍贯或者方言一致时，认为公司的高管具有同乡关系。

参军高管指具有参军经历的企业高管。通过对企业高管个人简历信息进行关键词搜索，如“军”“兵”“连”“炮”“军队”“国防”等，若个人信息中出现相关词汇则表明企业高管曾有相关参军经历。此外，在以上常见关键词的基础上，参照 Wansink 等（2008）的做法，本书进一步扩大了样本的采集范围。因研究主要关注于参军经历能否给企业高管带来性格或价值观塑造方面的影响，从而影响企业决策和企业表现。因此，本书认为“新疆兵团”“农一师”“航空”等结合中国国情的关键词从某种意义上也暗含了参军经历。他们都能提供类似的军事服务以及训练，也能同样赋予军队使命和体现军队精神，所以本书将其一并纳入自变量选取标准的范围。最终高管参军经历涵盖以下几个方面：（1）海、陆、空、二炮等常规军种；（2）新疆等生产建设兵团；（3）武警部队；（4）民兵、预备役服役；（5）军事科研院所、军事院校和军事医院；（6）航天科工中相关军工工作；（7）获得部队或军事相关奖励等。

3. 媒体关注

新闻传播是媒体的重要使命，而新的媒介形态带来了传播方式的改变。随着现代网络技术的飞速发展，网络媒体逐渐走进人们生活的各个领域。相对于报纸、广播、电视等传统媒体，网络媒体所具有的数字化特征带来了革命性变化，使其具有更好的时效性和更快的传播速度，打破了传统媒体“一对多”的传播模式，具有去中心化的高互动性特点（赵子忠和赵敬，2017）。自 1994 年 4 月 20 日我国全面接入互联网以来，经过 20 多年的发展，网络媒体已逐渐成为我国的大众传媒（闵大洪，2016）。网络媒体不仅增加了投资者的信息获取渠道，也为企业与投资者沟通创造了更多的机会。

本书从网络媒体的角度讨论企业受到的媒体关注，采用中国研究数据服务平台（CNRDS）的中国上市公司财经新闻数据库（CFND）中网络财经新闻版块数据衡量媒体关注。因此，本书将媒体关注定义为：媒体对某一特定企业的关注度，即媒体发布或转载企业相关新闻报道的数量。媒体对某一企业的报道数量越多，则说明该企业具有越高的媒体关注。

4. 地方政府财政竞争

政府竞争理论在西方经济学的研究中早已存在。国外关于政府竞争的讨论，通常以辖区间竞争、地区间竞争和竞争性政府替代。以辖区间竞争阐述地方政府竞争，通常强调司法层面的管辖权。竞争性政府理论将地方政府看作公众与地方官员间博弈的工具，从而决定地区福利水平。对地方政府竞争的分类也因视角不同而产生差异。如按照不同层级政府间关系划分，政府竞争可分为纵向竞争和横向竞争（Miller 等，1991）。纵向竞争是指本级地方政府和上一层级政府间的竞争，一般指中央政府和地方政府间的竞争关系。横向竞争是指同一层级内，不同地方政府主体之间的竞争关系，一般指州与州、城市与城市、县与县的竞争等。按照竞争特点划分，地方竞争可归为溢出效应、财政模仿和标尺竞争（周业安和宋紫峰，2009）。溢出效应是指当某地区采取政策提升本地公众福利时，周边地区居民会同等受益，即“搭便车”效应。例如，当本地政府投入资金治理空气污染时，周边地区居民同样能感受到空气质量改善。财政模仿是指不同地方政府通过模仿邻近政府的财税制度达到竞争的目的，最终导致地方政府间的财税制度等呈现趋同特点。标尺竞争早期是在企业监管领域提出，通常指通过制定一套标准的业绩考评体系，中央政府据此考察和评估各地方政府业绩水平（郭栋和胡业飞，2019）。在我国，由于地方政府的角色是多重的，通常集中央政府代理人、地方政府利益代表者和地方公共物品及服务供应者角色于一身，这就要求地方政府需要以提升本地区经济发展为其行动目标。因此，在中国情景下，溢出效应、财政模仿和标尺竞争在实践中较为常见，例如地方政府在某些行业实行的财税保护政策、为了吸引投资而产生的标尺竞争等。

关于地方政府财政竞争的概念，Buchanan 和 Albert（1997）解释为美国各州政府为了吸引资本和劳动力等流动性要素，通过税收、医疗、教育、环境政策等手段提升自身竞争力的行为。西方学者对地方政府竞争的概念界定并不绝对，通常将竞争政府、制度竞争、区域竞争等交叉使用（程臻宇，2007）。20 世纪 90 年代后，我国学者逐渐开始关注地方政府理论在中国的发展。邓宝贤（2012）将地方政府竞争按照竞争的对象划分为地方政府经济竞争和地方政府政治竞争。地方政府经济竞争的目的是提升本地经济水平、创造收益，而地方政府政治竞争的目的是满足上级政府政治考核、提升地方政府官员晋升机会等。冯兴元和刘会荪（2002）认为其本质是制度竞争，其表现形式包括监管的竞争、税收和补贴的竞争。刘汉屏和刘锡田（2003）、汪伟全（2004）将其主要归纳为在五个方面的竞争，包括优化辖区公共物品供给、争夺稀缺生产要素、吸引企业在辖区投资生产、提供市场保护和获取政府优惠政策。唐丽萍（2007）则从竞争领域、竞争手段和竞争后果三个角度分别展开叙述。由于地方政府竞争与地方政府财政竞争属于包含关系，因此，本书界定地方政府财政竞争是指不同层级、不同区域、不具有行政隶属关系的地方政府间，为了在财政收入方面取得竞争优势，而在投资环境、法律制度、政府监管等方面展开的竞争，竞争手段可包括市场竞争手段和行政竞争手段等。

1.3 研究内容与框架

本书围绕我国现实背景，分析企业环境信息披露现状，梳理国内外企业环境信息披露影响因素相关文献。以高阶梯队理论、印记理论、议程设置理论、关系契约理论、有限关注理论等作为理论基础，从企业、媒体和政府等多主体视角切入，通过理论分析与实证检验，探讨企业环境信息披露质量的影响机制。结合研究结果，对研究结论进行归纳总结并提出相关建议。

第1章绪论。介绍目前我国企业环境信息披露质量现状，结合现有文献研究内容，阐述研究重点和研究意义。界定环境信息披露质量、高管同乡关系、高管参军经历、媒体关注和地方政府财政竞争等基础概念，并提出本书的研究内容、研究框架、研究方法及研究可能存在的创新点。

第2章文献回顾。通过研读国内外文献，梳理环境信息披露的内外部影响因素相关文献，并进行文献述评。

第3章高管参军经历对企业环境信息披露行为的影响研究。通过梳理高阶梯队理论、印记理论、参军高管与公司治理等相关文献，采用2007—2016年中国上市公司样本，对具有参军经历的企业高管与环境信息披露质量之间的关系进行实证研究。最后，总结高管参军经历对企业环境信息披露质量的影响机制。

第4章高管同乡关系对企业环境信息披露行为的影响研究。通过研读国内外文献，梳理环境信息披露、高管特征、社会关系与同乡关系相关文献。采用Stata构建模型进行分析，包括描述性统计、相关性分析和回归分析，并进行稳健性及内生性检验。通过测试调节效应和分组检验，研究高管同乡关系对企业环境信息披露的影响机制。

第5章媒体报道对企业环境信息披露行为的影响研究。基于传播学议程设置理论、关注理论与信号传递理论，以沪深两市重污染行业上市公司为研究对象，考虑传统纸媒与网络社交媒体的共同作用，研究信息时代下媒体报道和政府监管对企业环境信息披露质量的影响。

第6章网络关注对企业环境信息披露行为的影响研究。根据合法性理论、议程设置理论、利益相关者理论和有限注意力理论，构建媒体关注、投资者关注和企业环境信息披露的理论架构。以2013—2017年沪深A股重污染行业上市公司为样本，实证研究媒体关注、投资者关注对企业环境信息披露质量的影响。

第7章地方政府财政竞争对企业环境信息披露行为的影响研究。基于文献梳理和理论分析，以我国2012—2016年重污染行业上市企业为对象，运用分层线性模型（HLM）研究财政竞争、企业特征对环境信息披露质量的作用机制。结合地区和公司两层数据，通过分解回归系数为固定部分与随机部分，阐述对应变量的影响是来自地区还是公司层面，最终对研究结论进行归纳总结。

第8章研究结论与展望。总结上述章节的研究结论，由此提出相应的政策建议，指出本研究可能存在的局限性和不足，并对未来研究方向进行展望。

本书的研究框架见图1－1。

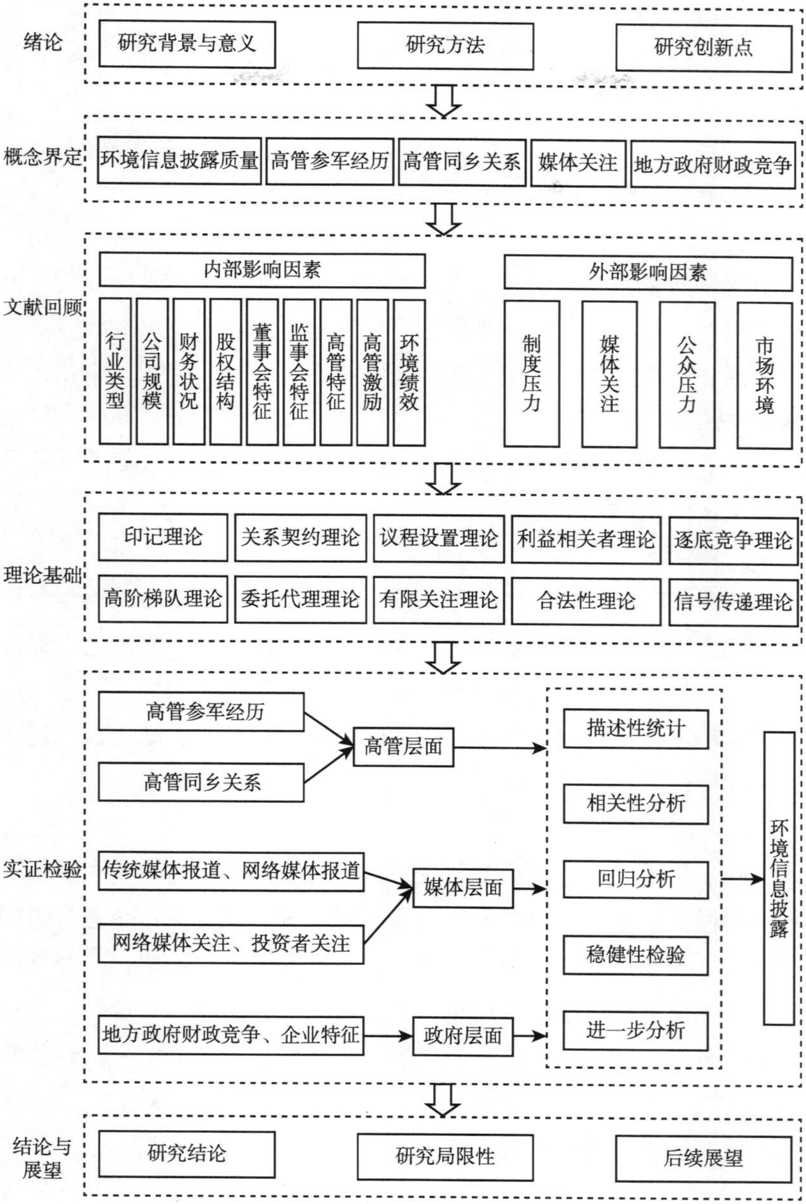
绪论
研究背景与意义
研究方法
研究创新点
概念界定
环境信息披露质量
高管参军经历
高管同乡关系
媒体关注
地方政府财政竞争
文献回顾
内部影响因素
行业类型
公司规模
财务状况
股权结构
董事会特征
监事会特征
高管特征
高管激励
环境绩效
外部影响因素
制度压力
媒体关注
公众压力
市场环境
理论基础
印记理论
关系契约理论
议程设置理论
利益相关者理论
逐底竞争理论
高阶梯队理论
委托代理理论
有限关注理论
合法性理论
信号传递理论
实证检验
高管参军经历
高管同乡关系
高管层面
传统媒体报道、网络媒体报道
网络媒体关注、投资者关注
媒体层面
地方政府财政竞争、企业特征
政府层面
描述性统计
相关性分析
回归分析
稳健性检验
进一步分析
环境信息披露
结论与展望
研究结论
研究局限性
后续展望

图 1-1 研究框架

1.4 研究方法

本书在研究过程中，主要采用以下四种研究方法：

1. 文献研究法

通过阅读、分析国内外文献资料，对企业环境信息披露行为的内部和外部影响因素进行梳理分析。内部影响因素相关文献涉及公司规模、资本结构、股权结构、高管特征等。外部影响因素相关文献涉及法律法规、文化差异、媒体报道、政府监管等。同时，着重关注企业层面、媒体层面和政府层面与企业环境信息披露关系研究的相关文献。

2. 规范研究法

采用规范研究法，在对环境信息披露研究现状进行归纳和梳理的基础上，分析研究主题的背景及研究意义。基于多种理论，探讨企业环境信息披露行为的影响机制，从而构建本书的分析框架。进而，运用规范研究法解释实证研究的结果，归纳主要结论，并提出相关政策建议。

3. 内容分析法

本书采用内容分析法研究企业的环境信息披露行为。我国企业对于环境信息披露的形式和内容尚未形成统一的标准，企业之间的环境信息披露情况差异较大。同时，在环境信息项目中，一些理论和目标等软性信息难以用定量方式进行衡量。因此，较难使用单一的定量方式对企业环境信息质量进行评价。综合考虑研究的合理性和科学性，本书采用了定性与定量分析相结合的方法对上市公司环境信息披露质量进行衡量。

4. 实证研究法

本书通过数据搜集、变量定义、描述性统计和实证回归等方法，对研究假设进行了验证。具体来说，运用 Stata、HLM、SPSS 等计量软件，对数据样本进行描述性统计，同时对变量间的相关关系进行分析。除了采用普通最小二乘法（OLS）进行实证回归，研究中还进行了分组检验、稳健性检验和内生性检验，以验证本书理论分析的合理性和研究结论的可靠性。

1.5　研究的创新点

本书从研究视角上进行了一定创新，主要体现为以下三个方面：

第一，基于企业高管视角，拓展了非正式制度情境下高管的非传统人口特征对企业环境信息披露质量的影响研究。现有研究多从企业高管的性别、年龄和教育背景等传统人口特征角度切入，研究其对环境信息披露质量的影响，而忽略了高管的其他异质性特征。本书从非正式制度情境出发，引入高管的早期参军经历和同乡关系，侧面刻画了管理者的社会化属性以及性格特征，丰富了高阶梯队理论，拓展了高管主体对公司环境治理影响的研究范畴。

第二，基于网络媒体视角，为媒体监督有助于企业改善环境信息披露提供了新的证据。已有研究基于传统报纸媒体，通过实证分析证实了媒体关注能够显著改善企业环境信息披露。网络媒体是互联网时代的产物，也是法律制度外影响公司治理的重要因素。本书以中国情境为研究背景，探讨互联网环境中的媒体是否也能发挥与传统纸媒体相同的作用，具有一定的代表性和创新性。

第三，基于外部政府视角，将地方政府财政竞争变量引入研究，为环境信息披露的影响因素研究提供了新的方向。企业环境信息披露影响因素研究的现有文献，主要考虑企业内部因素和企业外部因素的单独作用。由于公司处于开放系统中，其行为不仅受到内部因素的影响，同时也会受到外部因素的制约。基于中国独特的制度背景，地方政府行为在很大程度上对企业的经济行为会带来影响。本书不仅从企业内部特征角度出发，同时引入地方政府财政竞争变量，将公司层面特征和省市级层面因素相结合，研究其对环境信息披露行为的共同影响。

第2章 文献回顾

环境信息披露的理论研究最早可以追溯至20世纪70年代，开始于Beams和Fertig（1971）关于企业环境污染社会成本与财务计量的研究。经过半个多世纪的发展，学术界对环境信息披露的研究主要聚焦于信息披露测度、披露动因、影响因素和环境绩效等领域（孟晓华，2014）。本书主要关注环境信息披露的影响因素，其大致可以分为外部和内部两类，下面将对这两类影响因素进行梳理。

2.1 企业环境信息披露行为内部影响因素综述

企业环境信息披露行为的内部因素主要包括行业类型、公司规模、财务状况、股权结构、董事会特征、监事会特征、高管特征、高管激励、环境绩效等方面。从研究成果来看，关于内部影响因素的研究已较为成熟，但目前尚未形成统一定论。

1. 行业类型

行业性质不同，面对的监管压力、行业规范和市场环境等也有所不同。研究证明，不同行业间的企业在环境信息披露的意愿上存在较大的差异（Bewley和Li，2000；Cormier和Gordon，2001；Boesso和Kumar，2007；朱金凤和薛惠锋，2008）。Gao等（2005）

采用方差分析法对中国香港33家上市公司进行研究发现，企业所属行业不同，环境信息披露质量显著不同。其中，属于公共事业行业的上市公司对环境信息的披露意愿最强，而属于房地产行业的上市公司的披露意愿最弱。Bayoud等（2012）在实证研究的基础上加入访谈的研究方式，以利比亚31家公司为研究样本，同样发现行业类型显著影响企业环境信息披露。其中，制造业与煤炭行业企业具有较高的披露意愿。Zeng等（2012）则以中国上市公司为样本进行研究发现，由于同行业内企业存在一定的竞争关系，企业所处行业对环境的高敏感性能够促使整个行业改善环境信息披露。周一虹和孙小雁（2006）分行业统计我国A股上市公司2004年环境信息披露情况发现，具有重污染特征的企业往往具有更高的环境信息披露意愿。王建明（2008）则采用虚拟变量的方式将行业划分为两大类，通过实证研究证明重污染行业企业愿意披露更多的环境信息。聚焦于重污染行业，舒利敏（2014）通过内容分析法发现，具有重污染特征的不同行业之间在环境信息披露上仍然具有差异性，朱新玲和李娜（2017）的实证研究同样证明了这一点。但是也有少量研究表明，行业类型并不显著影响企业环境信息披露质量（Craven和Marston，1999；Monteiro和Aibar - Guzman，2010）。

2. 公司规模

一般来说，公司规模较大的企业的代理成本较小规模企业更高。因此，规模大的企业出于降低代理成本的动机更愿意披露环境信息（Chow和Wong - Boren，1987）。大量的实证研究证明，公司规模越大，企业环境信息披露水平更高（Deegan和Gordon，1996；Brammer和Pavelin，2006；郑春美和向淳，2013）。以资产总额作为公司规模的替代变量，公司规模对企业环境信息披露的显著正向影响在欧洲国家和北美国家都得到了验证（García - Ayuso和Larrinaga，2003；Aerts和Cormier，2009）。以中国上市公司为研究对象，国内学者也得到了相同的结论。朱金凤和薛惠锋（2008）以主营业务收入净额的对数值作为公司规模的替代变量，通过对我国制造业上市公司的实证研究发现公司规模大的企业更愿意披露环境信息。孙烨等（2009）则通过构造一个规模指数（企业年末总资产/行业平均年末总资产）对公司规模进行度量，证实了两者之间存在显著的相关性。程隆云等（2011）则直接以期末总资产金额对公司规模进行测度，同样证明了上述结论。但是，Gray 等（2001）以英国企业为研究对象，对公司规模的测度方式进行改善后发现，上述结论不再具有稳定性。同时，也有少量研究认为公司规模对企业环境信息披露并无显著的影响（Lynn，1992）。

3. 财务状况

财务绩效、营运能力、财务杠杆、融资需求等财务状况对环境信息披露的影响研究结论不太一致（Freedman 和 Jaggi，2005；Karim 等，2006；Magness，2011；汤亚莉等，2006；唐久芳和李鹏飞，2008）。部分学者通过实证研究发现，公司财务绩效越好，企业环境信息披露质量越高（Gray 等，2001；Watson 等，2002；汤亚莉等，2006；唐久芳和李鹏飞，2008；程隆云等，2011）；部分学者则得到了相反的结论（Birt 等，2006）。还有学者认为两者不存在显著相关性（Brammer 和 Pavelin，2006；何丽梅和侯涛，2010；吕峻和焦淑艳，2011）。同时，公司的营运能力越好，越倾向于披露相关环境责任信息（Karim 等，2006；程隆云等，2011）。关于财务杠杆对环境信息披露的影响，Cormier 和 Magnan（1999）、Eng 和 Mak（2003）认为，企业的负债比例越高，其资本成本越大，越不愿意增加环境信息披露的投入，即资产负债率与环境信息披露呈负相关关系。另一种观点认为，管理层为增强股东信心，反而会更愿意公开环境信息（Clarkson 等，2008；毕茜等，2012）。另有研究认为两者不存在稳定的关系（Aerts 和 Cormier，2009；何丽梅和侯涛，2010；唐久芳和李鹏飞，2008）。当企业需要进行融资时，基于监管要求或为减少和投资者之间的信息不对称，往往会公开更多的环境信息（Healy 和 Palepu，2001；Karim 等，2006）。黄溶冰等（2019）指出，企业外部融资需求越大，企业越倾向于发布有利的环境信息、掩盖不利信息。

4. 股权结构

在股权结构方面，研究方向主要分为股权构成和股权集中度。在中国，由于国有企业与政府的关系更为密切，社会对其信任度与关注度更高，承担的社会责任更大。因此，较非国有企业其披露意愿更高（Zeng 等，2012；杨熠等，2011），该结论也在以马来西亚上市公司为样本的研究中获得证实（Ghazali，2007）。机构投资者较个人投资者具有更专业的知识和更好的监督资源，更愿意支持企业在社会责任上采取行动。因此，机构投资者持股有利于督促企业公开环境信息（Saleh 等，2010；王帆和倪娟，2016）。在股权集中度方面，学者们持有不同的观点。Conover（2000）对比欧美地区和亚洲地区的企业发现，前者股权较为分散，而后者股权相对集中，实证分析发现股权集中度越高越不利于企业披露环境信息。多项研究得出了相同的结论（Cormier 等，2005；卢秋声和干胜道，2015）。但是也有研究认为股权集中度越高，管理层越可能披露更多的环境信息（Ruland 等，1990；陈共荣等，2011）。国内学者常常区分股权集中度与股权制衡度进行研究，但研究结果也有所不同。郑若娟（2013）认为股权集中度与股权制衡度均对企业环境信息披露无显著影响，李强和朱杨慧（2014）则认为较高的股权制衡度能有效提高企业的披露意愿。

5. 董事会特征

在董事会特征方面，研究方向主要分为董事会规模、独立董事设置、审计委员会设置、董事长和总经理两职合一等。有些学者认为董事会规模过小会降低专业性和工作质量，不利于企业的管理活动。因此，扩大董事会规模对企业定期公开环境信息具有积极意义（Akhtaruddin 等，2009；Rao 等，2011；杨熠等，2011）；有些学者则认为董事会规模过大会降低决策效率，难以以较短的时间和较低的成本达成一致意见，反而不利于企业公开环境信息（Yermack，1996）。独立董事具有良好的专业知识，并且独立于公司股东，能够站在中立的立场发挥监督作用。因此，独立董事占比越高，越有利于抑制管理层的基于个人利益的机会主义行为，从而改善企业环境信息披露的质量（Iatridis，2013；李强和朱杨慧，2014）。但是，Eng 和 Mak（2003）却得到了相反的结论，独立董事占比越高，企业环境信息披露水平越低。这可能与独立董事大多由各方推荐，使得其与公司的管理层成为“利益共同体”有关（郑若娟，2013）。国内部分研究认为独立董事占比与环境信息披露并不存在显著的相关性（李晚金等，2008）。还有研究发现，董事会中女性董事的占比对企业环境信息披露具有显著影响，女性董事占比越高，披露质量越好（Rao 等，2011）。审计委员会的设立，有利于加强企业内部控制，促进企业披露环境信息（Peters 和 Romi，2013；杨熠等，2011）。当董事长和总经理的职位由一人担任时，容易造成“自我监督”，自利性会导致个人利益凌驾于公司整体利益之上，导致环境信息披露质量的下降（Forker，1992；蒙立元等，2010）。陈共荣等（2011）却发现两职合一与环境信息披露之间为正相关，但不显著。

6. 监事会特征

在监事会特征方面，现有研究主要从监事会规模进行分析和讨论。监事会设立的主要目的在于监督公司的日常经营，有利于企业进行合法性管理。监事会需要具备财务、法律等方面的专业人才，才能进行有效的运行。因此，监事会应该具备一定的规模，才能达到监督管理层的作用。赵萱等（2015）通过实证研究发现，监事会规模的扩大有利于企业环境信息披露的改善。于连超等（2019）则结合中国特色文化，探讨并通过实证分析论证了党组织嵌入监事会能有效促进企业披露环境信息。

7. 高管特征

在高管特征方面，研究方向主要分为高管人口特征和非人口特征两个方面。首先，根据高阶梯队理论，高管的性别、年龄、教育背景等人口特征将会影响其认知能力、思维方式和思想观念等，这将会导致高管对环境问题的态度存在差异，最终影响企业环境信息披露的决策（Lewis 等，2014）。实证研究的结论并不一致。Said 等（2013）发现，董事长年龄与环境信息披露具有显著正相关关系，而董事长性别与环境信息披露并无显著相关性。Liao 等（2015）却发现高管性别在环境信息披露上存在差异。Slater 和 Dixon – Fowler（2010）则发现高管的受教育程度对企业环境表现具有积极影响。张国清和肖华（2016）分别研究了上市公司董事长和 CEO 的个人特征，研究发现高管年龄、任期与环境信息披露水平显著正相关，女性高管不利于企业披露环境信息，高管的教育水平越高，披露环境信息的水平越高，但概率却越低。姚海博等（2018）发现工商管理专业背景的董事占比越高，环境信息披露质量越高，而法学专业背景则与之相反。孟晓华（2014）对中国 A 股制造业上市公司的研究却并未发现董事长的性别、年龄、学历等特征对环境信息披露具有显著影响。高管个人构成高管团队，高管团队中女性比例越高，企业环境信息披露质量越高，但高管团队的平均年龄、任期、教育水平以及高管团队异质性对环境信息披露并无显著影响（孟晓华等，2012）。

其次，从非人口特征来看，有学者认为高管的环保意识对企业的环境信息披露有正向促进作用（潘安娥和郭秋实，2018）。王媞（2017）发现高管职业关注与公司环境信息披露水平呈倒“U”形关系，还有学者认为重污染行业的央企董事长政治晋升预期与环境信息披露质量之间显著负相关（李强和王圣营，2019）。从高管的政治关联出发，有学者发现政治关联对企业环境信息披露具有不利影响（姚圣，2011；武剑锋等，2015）。在此基础上，蒋尧明和陈力维（2019）指出高管若具有党员身份，会对企业的环境信息披露质量有促进作用。

8. 高管激励

在高管激励方面，研究方向主要分为高管股权激励和薪酬激励。作为一种长期激励手段，股权激励使得高管利益与股东利益趋同，促使高管重视企业的长期发展。实证研究表明，管理层持股能够显著增加环境信息的披露意愿（李强和冯波，2015），管理层持股比例越高，企业环境信息披露质量越好（Iatridis，2013；黄珺和周春娜，2012）。但也有研究发现，管理层持股比例与环境信息披露质量呈显著负相关（李继志和梁梓淇，2018）。作为一种短期激励手段，薪酬激励很可能会促使高管为获得当前的激励而不顾公司的长期发展，这种自利动机往往会导致高管关注公司短期经济利益，减少环保方面的投入，最终使得环境信息披露意愿降低。实证研究发现，管理层薪酬激励不利于环境信息披露（李强和冯波，2015），而管理层超额薪酬却对企业环境信息披露具有促进作用（Li 等，2019；李恬，2018；徐秀燕，2019）。有学者则认为管理层为了维持较高的薪资水平，薪酬激励同样能够提高环境信息披露的质量（Aerts 和 Cormier，2009；沙振权和朱益霞，2017）。在高管团队中，低薪高管对高薪高管可能产生敌对心理，造成消极怠工的结果，甚至产生逆反选择。因此，高管团队薪酬差距过大不利于环境信息披露（刘佟，2017；方明等，2018）。

9. 环境绩效

现有文献显示，环境绩效与环境信息披露的关系研究结论存在分歧。基于自愿披露理论，公司环境绩效越好，往往其环境表现也越好，能够披露的有利信息越多。因此，管理层愿意披露更多的环境信息，愿意向外界传达公司在环境保护方面所作出的努力。多项实证研究证明了环境绩效对环境信息披露的积极影响（Al – Tuwaijri 等，2004；Clarkson 等，2008；张长江等，2019）。并且，环境绩效好和环境绩效差的公司在披露内容上倾向性不同，前者愿意披露具体的、可验证的定量信息，后者则会更多披露缺乏实质内容的定性信息，旨在进行印象管理（吴红军，2014；朱炜等，2019）。基于合法性理论，公司为了能够保持合法性要求，在环境绩效不佳的情况下往往会选择披露更多的环境信息，以彰显自己在环保上采取的行动和获得的成果，缓解由于其环境绩效不佳造成的社会压力，让社会大众认可其符合合法性规范。多位学者通过实证研究论证了两者之间存在显著的负相关关系（Patten，2002；Guidry 和 Patten，2012；吕峻和焦淑艳，2011；吕峻，2012）。此外，还有学者发现环境绩效与环境信息披露之间不具有显著的相关性（Wiseman，1982；Dobler 等，2015）。Ling 和 Mowen（2013）则发现环境绩效与环境信息披露之间并非单一的线性关系，而是"U"形关系。环境绩效处于低水平时，其与环境信息披露负相关，但此时披露重数量轻质量；环境绩效处于高水平时，则表现出正相关，此时披露重质量轻数量（沈洪涛等，2014）。

2.2 企业环境信息披露行为外部影响因素综述

外界的关注是企业进行环境信息披露的重要驱动力（Liu 和 Anbumozhi，2009），国内外关于企业环境信息披露影响因素的研究，主要基于合法性理论、相关利益者理论、外部压力理论等理论基础。文化、政治和法律三大环境构成了公共压力（Walden 和 Schwartz，1997）。从群体角度看，公众、政治团体、社区和管制机构是公共压力的主要来源（Cho 和 Pattern，2007）。利益相关者的不满导致了公共压力的出现，随着公共压力的增加，企业将公开环境信息以释放和缓解外部压力（Deegan 和 Rankin，1996）。目前，学者们主要从企业外部面临的制度压力、媒体关注、公众压力和市场环境等方面展开讨论。

1. 制度压力

对外进行环境信息披露，是企业为应对来自利益相关者压力而产生的结果，其中，来自政府的压力直接且影响较大（毕茜等，2012）。多项研究表明，制度的发布和实施是企业环境信息披露质量的重要影响因素（Laine，2009；Tian 等，2014）。在美国，财务会计准则委员会（FASB）和证券交易委员会（SEC）等监管部门出台与环境相关的规定后，企业明显使用了更多篇幅披露环境信息（Barth 等，1997），制度实施力度的加强，有利于环境表现不佳的企业迫于压力增加环境信息披露内容（Hughes 等，2001），且监管的增加对石油和天然气行业的披露质量有显著促进作用（Alciatore 和 Dee，2006）。在澳大利亚，企业环境报告指引的出台同样具有相同的积极作用（Frost，2007）。我国企业在环境信息披露方面面临显著的制度压力（肖华等，2013）。实证研究证明，我国《上市公司环境信息披露指南》（征求意见稿）的出台对企业环境信息披露质量具有显著的改善作用（任月君和郝泽露，2015）；我国《环境信息公开办法》出台后，企业的环境信息披露意愿明显提升，但其披露动机并非全部来自规避风险，更多是为了获得政府补助（姚圣和周敏，2017）。国有企业因拥有了更大的合法性管理空间，导致披露质量下降（姚圣和李诗依，2017）。王建明（2008）发现行业环境监管制度数量越多，行业内企业公开的环境信息就越多，且重污染行业企业对制度压力更为敏感。李强和朱杨慧（2014）指出，政策发挥作用的关键在于实施，因此，政策实施力度越大，越有利于企业披露环境信息。张秀敏等（2016）采用污染源监管信息公开指数（PITI）、与环境问题相关的省级行政处罚案件数衡量政府监管力度，发现政府监管能够推动企业进行环境信息披露。姚圣等（2016）却认为上市公司作为当地支柱企业，具有较强的环境规制应对能力，且地方政府对其可能放松要求，反而导致其披露质量下降。也有研究表明，环境规制在国有企业与民营企业表现出不同的环境信息披露影响，在国有企业，两者呈“U”形关系，在民营企业，两者呈倒“U”形关系（李强和冯波，2015）。还有研究指出，公司与监管部门的距离越远，环境信息披露水平越低（姚圣等，2016）。进一步研究发现，公司与监管部门的距离和环境信息披露之间并非简单线性关系，两者呈现倒“U”形关系（姚圣和李诗依，2017）。

2. 媒体关注

作为重要的外部治理力量，媒体在政府监管不足时能够发挥与之相似的治理作用（Dyck 等，2008；郑志刚，2007）。媒体有助于企业和社会公众的沟通，能够通过舆论的力量对企业施加压力，构成企业的合法性压力来源。媒体在关于合法性要求的公共对话方面发挥着积极作用（Suchman，1995）。有学者指出，媒体报道是除政府监管外对企业环境信息披露影响最大的因素（Li 等，2017）。公司管理层为应对环境报道的压力会相应调整环境信息披露，使得企业满足合规性要求（Rupley 等，2012）。

多数学者认为媒体报道企业环境问题数量的增加有助于企业公开更多的环境信息。Brown 和 Deegan（1998）以澳大利亚为背景，区分不同行业的媒体关注度后发现，媒体对某一行业环境问题的关注度越高，该行业内企业越倾向于披露环境信息。Bewley 和 Li（2000）以加拿大公司为样本研究发现，企业环境问题报道的增加将导致企业披露更多的概括性环境信息。Rupley 等（2012）通过对美国 127 家公司的实证研究发现，企业自愿性环境信息披露内容随着环境表现媒体报道的增加而增加。Aerts 和 Cormier（2009）采用美国和加拿大公司的样本，研究结果显示，媒体报道给公司造成的压力迫使其增加环境信息披露内容。郑春美和向淳（2013）以中国为研究背景，同样发现媒体报道数量与环境信息披露质量显著正相关。黄溶冰等（2019）发现，媒体能够有效发挥监督作用遏制企业出于融资目的的“漂绿”行为，使得披露更为谨慎与务实。但有学者指出，媒体监督力度过大将导致政府监管的促进作用被削弱（张凯泽等，2019）。

媒体监督有利于企业改善环境信息披露质量，负面的媒体报道能够发挥更好的效果（Rupley 等，2012）。企业出于辩解的目的，防止企业声誉受损，负面的媒体报道能够鞭策企业披露更多的正面环境信息（Brown 和 Deegan，1998）和不容易证实的环境信息（Clarkson 等，2008）。我国学者采用 J－F 系数对报纸媒体报道的倾向性进行测量，研究结果显示，媒体报道越为负面，企业环境信息披露质量越高（沈洪涛和冯杰，2012；任月君和郝泽露，2015）。

由于互联网的兴起与新媒体的产生，媒体数量不断增加，导致人们对媒体的信任程度降低，因此，有学者认为媒体报道不会引起企业的回应。Brammer 和 Pavelin（2008）从五个维度对环境信息披露水平进行测度，发现仅有环境改良这一维度受到媒体报道的显著影响，因此认为媒体关注对环境信息披露的促进作用不大。Moroney 等（2012）则发现，正面的媒体报道并不能增加企业环境信息披露的内容。

3. 公众压力

相较于政府的直接压力，公众压力是一种影响较小的间接压力（Lee 和 Hutchison，2005）。但作为一种非正式制度，公众关注在污染治理中也发挥了重要作用（Langpap 和 Shimshack，2010；郑思齐等，2013）。Patten 和 Dennis（1992）通过案例研究发现，石油泄漏事故引起社会的广泛关注，使得涉事企业在事故当年年报中使用了明显多于往年的篇幅披露环境信息，同行业企业也随之公开了更多的环境信息。Darrell 和 Schwartz（1997）在此基础上进一步研究发现，事故后一年企业环境信息披露水平优于事故发生前，但明显不如事故发生当年。肖华和张国清（2008）指出，环境事故发生后同行业企业跟随涉事企业提高披露质量是为应对公共压力的自利性行为。孟晓华和张曾（2013）通过对渤海漏油事故的分析发现，在我国环境事故中起核心作用的是外部的、公众型的利益相关者压力。由于现有机制的不完善，我国公众往往在事后被动地参与环保维权（杨东平，2011），较之环境责任，我国 A 股市场投资者更为看重影响企业经营成果的环境信息（沈红波等，2012）。张彦和关民（2009）以 2007 年沪深 A 股为样本进行实证分析发现，公众环保意识对企业环境信息披露并无显著的改善效果。如今，随着经济的发展，居民收入水平提高，居民环保意识逐步上升，在经济增长与环境保护的衡量取舍中已逐步倾向于后者（胡建国和裴豫，2019）。有学者表示，随着居民环保意识的提高，公众在消费时对绿色产品具有一定的倾向性，出于获得消费者信任和维护企业声誉的目的，企业的披露意愿明显增加（王霞等，2013；任月君和郝泽露，2015）。以环境信访衡量公众的环境诉求发现，公众环境诉求对当地环境法规的实施效果具有明显的促进作用（史亚东，2018）。社会公众对环境问题的关注有利于工业污染的减少，但其作用效果明显不如正式环境规制（徐圆，2014）。随着公众环保意识的提高和环保组织的增加，公众采取环保行动或提起诉讼的可能性提高，这会对公司形成一种社会规范的压力。研究发现，企业环境信息披露的主要压力来源包括环保组织（孟晓华和张曾，2013）。而邓国胜（2010）指出，我国民间的环保组织的能力水平不高。也有实证研究发现随着企业所属地区环保组织的增加，企业反而不愿意公开环境信息（肖华等，2016）。

4. 市场环境

环境库兹涅茨曲线理论将经济发展阶段分为前期、中期、后期，分别对应较好的环境质量、较多的环境污染和逐步的环境治理。我国处于经济发展的第二阶段，由于环保工作的滞后，区域经济发展水平较高的地区往往因政府环保投资的不足导致当地企业环境信息披露质量下降（张彦和关民，2009）。李朝芳（2012）则并未发现经济发展程度和环境信息公开之间具有显著的相关性。市场化程度与当地利益相关者对环保的关注和要求息息相关（Zeng 等，2010）。企业所处地区的市场化程度越高，社会公众的环保意识更强，制度规范也更为完善，因此，企业倾向于披露更多的环境信息（Liu 和 Anbumozhi，2009；李强和朱杨慧，2014）。但也有学者发现市场化程度与企业环境信息披露呈负相关（Zeng 等，2010）。这可能与产业分布有关，在市场化程度高的地区，政府往往会转移环境污染较为严重的企业。学者们对产品市场竞争压力如何影响环境信息披露存在不同的观点。部分学者认为两者正相关（Jones，1995），也有学者认为两者负相关（Walley 和 Whitehead，1994）。还有学者认为，两者呈倒“U”形关系（李强和李恬，2017）。在市场竞争较小的情况下，企业通过积极披露的差异化策略获取竞争优势，但当竞争压力达到一定程度时，企业无法再通过上述策略获得竞争优势，转而采用成本领先策略，压缩环保投入。陈璇和钱维（2018）发现新《环保法》对企业环境信息披露的影响在垄断行业与竞争行业有所差异。李强和冯波（2015）还发现，市场竞争压力较小时，企业对于资源的争夺并不激烈，导致管理层不具有强烈的环境信息披露意愿，此时高管薪酬激励能够显著改善披露质量，在市场竞争压力较大时，高管股权激励具有更好的效果。但是，刘儒昞（2014）却并未发现产品市场竞争压力与高管激励之间存在替代效应或互补效应。还有研究指出，在激烈的市场环境中，企业并不希望成为环保投资的典范，因为这种光环可能迫使企业超额投资，不利于短期业绩表现。因此，企业会选择“低调”披露策略（李强和冯波，2015）。其他公司如何披露环境信息将影响本公司环境信息披露的决策，尤其是同行业公司（Cormier 等，2004），这一现象在中国上市公司同样存在（沈洪涛和苏亮德，2012；肖华等，2016）。可见，来自同行业的竞争压力对企业环境信息披露具有重要影响。还有学者发现，浓厚的宗教文化氛围有利于企业提高披露意愿（毕茜等，2015）。

2.3 本章小结

本章通过对国内外文献进行梳理发现，企业进行环境信息披露的动机是多维度的，其影响因素可以分为内部因素和外部因素。其中，根据企业本身具备的特质进行分类，内部因素主要包括企业所处的行业类型、公司规模、财务状况、董事会特征和高管特征等方面。根据企业所处的外部环境进行分类，外部因素主要包括企业所面临的制度压力、公众压力和市场环境等方面。学者们对此进行了大量的实证研究，获得了诸多的研究成果，但仍存在以下不足：

第一，关于高管特征的研究有待拓展，尤其关于高管早期经历、社会身份与企业环境信息披露关系的研究甚少。现有研究多从高管的人口特征角度切入，其中性别、教育背景、年龄等受到了较多关注。高管个体的价值认知、性格特征等会受到环境的显著影响。根据印记理论，在敏感时期的相关经历会在未来的生活中持续产生影响。由于高管隐性特征的度量以及数据获取存在一定难度，因此较少学者对此进行了研究。本书将从高管的参军经历和同乡关系两个维度出发，侧面刻画其隐性特征，拓展高管的非人口特征与企业环境信息披露之间的关系研究。

第二，现有的媒体关注对企业环境信息披露的影响研究主要基于传统纸媒体展开，缺乏从网络媒体角度进行探讨的研究。互联网的出现颠覆了用户习惯，改变了信息传播的模式，创造了全新的媒体环境，因此网络媒体在现代企业管理中发挥着重要的作用。虽然有些学者已初步开展了网络媒体与公司治理之间的关系研究，但仍缺乏关于媒体关注对企业环境信息披露的作用机制的探究，也未能基于议程设置理论深入探讨媒体报道与投资者关注的关系。因此，本书将探讨传统媒体和网络媒体对企业环境信息披露行为有何综合影响，媒体关注和投资者关注之间的联系如何影响企业环境信息披露。

第三，鲜有文献从中国特色经济制度背景出发，探讨由财政分权导致的地方政府财政竞争对环境信息披露的影响。从外部因素角度来看，制度压力受到了较多学者的关注，但更多地仍集中在政府出台的相关政策法规、政府监管力度等方面，却并未从导致地方政府监管力度差异的本质出发。本书将从中国现实情况出发，围绕地方财政收入与地方环境管理之间的博弈关系，探究地方财政竞争对企业环境信息披露的影响。

第 3 章

高管参军经历对企业环境信息披露行为的影响研究

3.1 问题提出

2017 年党的十九大提出组建退役军人管理保障机构，2018 年 4 月退役军人事务部正式在北京挂牌成立，国务院同期发布相关文件提出维护军人军属合法权益，加强退役军人服务保障体系建设，让军人成为全社会尊崇的职业。目前，如何安置退役军人以及提高服务保障水平，正成为社会急切需要解决的问题。我国每年安置义务兵、士官、复员干部高达 39 万多名，2017 年全年安置军队转业干部 8.0 万名，其中计划分配军队转业干部 4.5 万名，自主择业军队转业干部近 3.5 万名。退役军人是重要的人力资源，促进他们就业创业，对于更好实现退役军人自身价值、助推经济社会发展、服务国防和军队建设具有重要意义。在退役军人队伍中，一批企业家比如王健林、王石、任正非等为中国的经济作出了卓越的贡献。由此可见，退役军人在商业领域发挥的作用是不可忽视的。在这种情况下，对于如何引导退役军人就业创业择业，了解参军经历给退役军人所留下的心理特征、性格偏好和品质是至关重要的。根据印记理论，敏感时期的经历会给人留下某种印记，从而影响其未来的决策行为。军队是高度集中统一的武装集团，有着不同于其他社会团体的特点和性质（陈海兵，2017），如执行力强、效率高、纪律严明等。军人一般参军是在青年时期，因此参军经历会对其未来生活带来较大影响。但是参军经历究竟会给人留下什么印记，至今未有统一的答案。现有文献中，国外早期研究较多关注退役军人的心理及身体健康问题，后期有较多文章研究了参军高管与企业各决策之间的关系。比如有文章提出参军高管会采取更保守的财务决策（Benmelech和Frydman，2015；Law和Mills，2017），也有文献发现参军高管所在的企业拥有更激进的财务决策（Malmendier等，2011）。国内相关研究多从审计、融资决策以及并购等角度出发，研究高管的从军经历与其之间的关系（赖黎等，2016；赖黎等，2017；陈柯甫，2017；权小锋等，2018）。

党的十八大提出大力推进生态文明建设，党的十九大报告提出必须梳理与践行绿水青山就是金山银山的理念，期间生态环境部的设立、中央生态环境保护督察"回头看"全面启动，都意味着国家对环境保护的重视与关注。因发展经济而牺牲环境是过去的发展模式，如今企业作为经济发展的主体，更应承担起保护环境的责任。已有文献大多从企业的环境信息披露和环境绩效出发，研究环境信息披露的测量（Wiseman，1982；Cormier和Gordon，2001；Zeng等，2010）、动因（Solomon和Lewis，2002；Cho和Patten，2007；de Villiers和van Staden，2010）、与企业特征的关系（沈洪涛，2007；Zeng等，2010）以及环境信息披露和绩效两者的关系（Patten，2002；Clarkson等，2008；Al－Tuwaijri等，2004；Meng等，2014）等方面。

本书主要分析2007—2016年高管的参军经历与企业环境信息披露之间的关系。与其他文献相比，本书的一些贡献如下：第一，从高管主体角度出发，研究其参军经历对企业社会责任管理决策的影响，进一步丰富了高阶梯队理论的研究；第二，将印记理论应用到个体，拓宽了现有文献的研究角度，阐释了早期的参军经历对个体未来决策的影响；第三，对企业高管角色以及企业环境信息进行细分类，详细地分析了企业高管不同角色对企业的各方面决策的影响，为高管特质与公司治理的相关研究提供了依据，且为退役军人的就业安置问题和企业的环境责任管理问题提供了参考。

3.2 相关研究现状

3.2.1 高阶梯队理论

随着高阶梯队理论的提出，人们意识到企业的异质性不仅是由组织本身的特点形成的，企业背后的管理者也将导致不同的企业文化和企业战略，即企业的高管将根据自己的价值认知对所在的公司作出战略选择（Hambrick 和 Mason，1984），以他们的独有风格影响着公司的投资、融资和其他相关决策（Bertrand 和 Schoar，2003）。随着企业文化逐渐受到更多学者的关注，高管特质与企业特征的关系研究大量涌现。高管特质主要包括高管的人口特征（Bertrand 和 Schoar，2003；Hambrick，2007；Kish－Gephart 和 Campbell，2015；Wei 等，2018）、早期经历（Malmendier 和 Nagel，2011；Benmelech 和 Frydman，2015；Malmendier 等，2011；赖黎等，2016；Bernile 等，2017）、婚姻家庭（徐莉萍等，2015；Belenzon 等，2016）、政治关联（Fan 等，2007；贾明和张喆，2010；Li 和 Zhang，2007；Lee 等，2014）、心理特征（Malmendier 和 Geoffrey，2005；Goel 和 Thakor，2008；Ou 等，2014）、行为偏好（Henrik 等，2012；Davidson 等，2012；Sunder 等，2017）以及宗教信仰（王文龙等，2015）等方面，而企业特征主要涉及企业的财务决策、社会责任信息、企业经营业绩等。其中，人口特征主要以 1984 年 Hambrick 的文章为基础，研究高管的年龄、性别、教育背景等与企业的财务决策之间的关系。Jensen 和 Zajac（2004）

发现具有财务专业背景的高管的企业倾向选择多样化的战略，此外，随着高管职位的不同将导致截然不同的战略选择和战略结果。早期经历包括大萧条时期、饥荒时期的相关经历以及参军经历对高管造成的影响，从而影响后期的公司决策。比如，Malmendier 等（2011）认为具有参军经历的 CEO 所在的公司会选择更激进的公司政策，包括高杠杆。婚姻家庭包括了高管是否为单身、离婚以及是否夫妻共同持股等方面，政治关联主要考察企业高管是否曾经为官员等。心理特征的相关研究较多，主要从高管的过度自信、虚荣心和自负等方面进行研究，比如 Li 和 Tang（2010）通过问卷调查形式，对中国制造业 2700 余名 CEO 进行研究，发现 CEO 的过度自信与风险偏好呈正向关系。此外，在不同文化背景下，高管的心理特征和态度偏好会明显不同。相较非美国公司而言，美国公司的 CEO 更加乐观且更能容忍风险（Graham，2013）。源于数据的可获得性，行为偏好的相关研究较少，主要对高管平常生活行为偏好与企业行为进行关系研究。比如，Sunder 等（2017）发现企业高管的飞行爱好和企业的创新之间存在正向关系，即飞行爱好将会伴随着更多的专利。宗教信仰的研究多从两个方面出发，其一是通过地区宗教文化氛围影响高管，从而影响企业决策，其二是高管的个人宗教信仰对公司决策的影响。

从以上研究发现，前期的研究多从企业高管的显性特征出发，后期则更侧重于高管的隐性特征，进一步把显性特征作为控制变量进行实证研究，其中隐性特征的测量多采用调查问卷的形式。

3.2.2　印记理论

人的所有复杂行为都是由个体的生物遗传和后天经验共同塑造的，而早期的经历则是一个重要的经验来源（赵民伟，2016）。根据印记理论，在某个敏感时期，个体可能会发展出反映环境的特征，尽管后续时期出现了重大的环境变化，但这些特征仍会持续存在（Kish－Gephart 和 Campbell，2015；Marquis 和 Tilcsik，2013）。印记理论起源于早期对动物行为的实验研究。Lorenz（1935）发现小鹅在早期成长发育阶段所经历的事件将会显著影响它们成年后的行为，由此提出了印记理论。后来，Hess（1959）通过对多种不同动物的实验研究发现，敏感时期的短暂生活经历将会给动物成年的社会行为留下印记。本书认为，这种印记不同于传统的学习方式，它是一种严格的学习模式，即它会快速将敏感期间的学习应用到印记期间之后的实践行为中。同时文章提到，早期的婴儿将会受到类似的影响。之后，Stinchcombe（1965）将印记理论应用到组织研究中。同样，该研究发现组织在创立早期，其周围的环境因素将会长期持续影响组织以后的行为。之后，印记理论引起了大量学者的关注，组织生态学（Swaminathan，1996）、制度理论（Marquis 和 Huang，2010）、网络分析（Soda 等，2004）以及职业研究等领域逐渐赋予印记理论更多的内涵以及应用价值（Marquis 和 Tilcsik，2013）。其中，在管理学领域，印记理论的研究对象逐渐从组织转向个人，比如个体的前期职业经历对此后的业绩表现的影响（Tilcsik，2014）。

随着印记理论在个体领域研究的丰富，个体的早期经历是研究的重点。早期经历中，研究主要关注于参军经历（Elder，1986；Elder 等，1991；Jackson 等，2012）、大萧条时期的经历（Graham 和 Narasimhan，2004；Benmelech 和 Frydman，2015）和早期的社会地位（Kish－Gephart 和 Campbell，2015）等。参军经历作为一种特殊的经验累积，在此期间人们极其容易受到周围环境的影响（Marquis 和 Lee，2013）。军队的体制、使命和军事训练不仅会对人的健康造成影响，还对人的心理特征有显著的塑造作用。有不少文献探究了早期的参军经历对士兵后期生活的影响，其中包括身体和心理健康的影响（Elder 和 Clipp，1989；Killgore 等，2008；Ciarleglio 等，2018）、领导力（Deluga，1991；Bartone 等，2002；

Wong 等，2003；Duffy，2006；Wansink 等，2008）和行为特征（Bouffard，2003；Bedard 和 Deschenes，2006）等。比如，Duffy（2006）认为军队能够提供在企业工作环境里得不到的领导力培训，另外这样的机会在人们其他经历里也难以复制。Wansink 等（2008）认为参军经历将赋予士兵英雄主义和忠诚。Killgore 等（2008）发现经过战争之后，士兵会存在潜在的冒险倾向。由以上文献可以发现，相较于普通人而言，有参军经历的人一般具有更多鲜明的特征，特别体现在军人的性格和偏好方面。

3.2.3　参军经历与企业决策

印记理论和高阶梯队在管理学领域快速发展，随之研究对象逐渐从组织和个体细化到企业高管（Malmendier 等，2011；Kish－Gephart 和 Campbell，2015；Benmelech 和 Frydman，2015；Luo 等，2017；Koch－Bayram 和 Wernicke，2018），其中关于具有参军经历的高管与公司表现之间的关系日益受到学者们的重视。Duffy（2006）在比较标准普尔 500 强企业时，发现具有参军经历的 CEO，任期相较其他 CEO 会更长，其公司业绩也会更好。Lin 等（2011）发现具有军事背景的首席执行官领导的收购在交易公告中会获得更高的异常股票回报。该研究认为具有从军经历的高管会对公司的价值体系产生影响，从而有助于降低收购中的代理成本，并产生更好的收购结果。Malmendier 等（2011）认为具有参军经历的 CEO 所在的公司会选择更激进的公司政策，包括高杠杆。Law 和 Mills（2017）分析认为具有参军经历的 CEO 所在公司倾向于更多的现金持有，选择保守的税收策略。Koch－Bayram 和 Wernicke（2018）探究了高管的参军经历与公司的财务报告违规和期权追溯之间的关系，发现具有参军经历的高管所在公司发生财务报告违规的概率更少；在进行期权追溯时，更不会以牺牲股东的利益以使自己的利益最大化。Benmelech 和 Frydman（2015）发现具有参军经历的高管所在的企业会选择更保守的决策，拥有更少的投资、研发支出以及违规行为。特别是在行业低迷期，这样的公司表现较其他公司而言会更好。不难发现，关于参军经历给高管带来的性格和价值观塑造仍具有不同的结论。

3.2.4 文献述评

高阶梯队理论相关研究中早期的研究角度广泛，但是参军经历与企业社会责任之间的关系暂未受到较多学者们的关注。特别是通过印记理论探究企业高管的参军经历将如何影响高管的社会责任意识，从而又如何体现在企业的社会责任行为上，甚少有相关学者进行研究。Luo 等（2017）认为具有参军经历的 CEO、董事长以及高管所在公司捐赠更少，并且在市场化程度低的地区，负向效果会更明显。这为本书提供了分析思路，从企业的环境信息披露出发，探究企业高管的参军经历对企业社会责任行为的影响。本书选择将参军经历作为企业高管性格、价值观的替代变量，认为参军经历将给高管留下某些印记，对其价值观和性格有塑造作用。

3.3 理论分析与研究假设

3.3.1 高管与企业环境信息披露

随着生态环境保护日益受到重视，环境问题已由区域性扩展至全球性问题。2015 年巴黎气候会议上，《巴黎协定》规定了透明度框架等相关内容，要求各国每年出具相关环境报告以示各国进展和贡献。将视线从国家缩小至各国国内组织，企业的环境信息成为发达国家环境治理的关键信息（Marlin，1973；Ullmann，1985）。在中国，2014 年环保部发布《企业事业单位环境信息公开办法》，对企事业单位排污等信息作出强制性披露要求，其余信息仍属于自愿性披露。在自愿披露的情况下，企业披露环境信息的意愿和动机受到了许多学者的关注。目前，关于企业披露环境信息的动机主要有三类理论：政治经济理论、合法性理论和利益相关者理论（孟晓华，2014）。至今，多数学者倾向于用合法性理论和利益相关者理论来阐释企业的披露动机。对于合法性理论，Suchman（1995）提出了合法性较为权威的定义：在一个由社会构建的规范、价值、信念和定义的体系中，企业的行为被认为是可取的、恰当的、合适的。大多数学者认为，企业披露环境信息是为了维护企业的合法性，来达到社会认同的价值期望（Cho 和 Patten，2007；Clarkson 等，2008；de Villiers 和 van Staden，2010）。而利益相关者理论提出，环境信息披露作为企业社会责任的一部分（Rahman 等，2017），不仅受到政府和公众的关注与监管，还被企业的股东和其他利益相关者利用以减少信息不对称问题（de Villiers 和 van Staden，2010；Michaels 和 Grüning，2017）。因此总体来说，环境信息披露被视为企业增强合法性以减弱内外部利益相关者压力的手段（Patten，2002；Cho 和 Patten，2007；Meng 等，2013；Li 等，2019）。

高管充当着外部制度压力和企业环境信息披露之间的媒介（姚海博等，2018），以自身的认知影响着企业的社会责任行为。根据高阶梯队理论，企业的战略选择是一个复杂的过程，而高管异质性对其有重要的影响。至今，国内外一些研究从理论或经验角度探讨了高管在公司环境行为选择中发挥的重要作用，从而支撑了高管与公司环境信息披露之间的关联性（张国清和肖华，2016）。已有学者提出，在解释公司面对外部压力所采取的不同反应时，高管的相关特征是关键的影响因素（Sharma，2000；Bansal 和 Roth，2000；Lewis 等，2014），其中包括了高管的人口特征、价值观认知、更替（Meng 等，2013；孟晓华，2014）以及薪酬（Li 等，

2019）等方面。人口特征方面，Meng 等（2015）发现高管的人口特征对中国企业环境信息披露无直接影响。而 Lewis 等（2014）提出高管的教育背景和任期将会导致不同的环境信息披露可能性，即新上任的 CEO 和持有 MBA 学历的 CEO 倾向于披露更多的环境信息。此外，肖华等（2016）发现公司高管的性别、年龄、教育水平、任期在同形制度压力对公司环境信息披露的影响中会发挥调节作用。不难看出，高管的人口特征是否对环境信息有影响仍未有统一的结论。价值观认知方面，Cormier 等（2005）发现管理者对利益相关者的看法会影响公司的环境信息披露。Fryxell 和 Eand（2003）发现高管的环境价值观对企业的环境倡导活动有影响作用。Meng 等（2013）认为在披露环境信息时，高管具有自利的倾向，从而影响企业的环境信息披露质量。从以上文献可以发现，高管的各方面特征都可能影响企业的环境信息披露，但暂未形成统一的结论。

3.3.2 假设提出

本章从高管的参军经历所带来的某种印记出发，研究具有参军经历的高管对所在企业的环境信息披露质量的影响。

根据心理品质论，军人的特质不仅来源于先天遗传，更多的还是后期经历的塑造（赵民伟，2016）。后期经历中，在年少心智成熟和价值观塑造时期，其信念和偏好更容易受到外部环境的影响。根据印记理论，在一段特定的敏感时期的经历会给人留下持久的印记。印记主要有两个特征：其一，印记发生在一段特定时期，也称为“敏感期”；其二，印记的持续时间是永久性的（Marquis 和 Tilcsik，2013；黄勇和彭纪生，2014）。一般而言，大多数企业高层管理者加入军队都是在青年期间，因此本章认为参军经历会在这个特定的敏感时期给参军高管留下某种印记。在中国，部队被视为一种为人民和祖国服务的组织，被誉为“党和人民的忠诚卫士”

(吴双战和隋明太，2004)。中国人民解放军要始终做到忠于党、忠于社会主义、忠于祖国、忠于人民，确保部队绝对忠诚、绝对纯洁、绝对可靠（刘茂杰，2013)。因此，通过长期的军队生活和严格的军事训练，结合军队精神，军人一般具有更高的道德感和社会责任感（Duffy，2006；陈柯甫，2017)。且当从军人角色转化为企业管理者角色时，这种印记会持续发生作用。此外，已有文献表明，高管的环保意识对企业的环境信息披露有正向促进作用（潘安娥和郭秋实，2018)。因此，结合军队精神和印记理论，本章认为拥有参军经历的中国企业管理者拥有更高的道德感和社会责任感。由此提出以下假设：

H1：具有参军经历的高管所在的企业会披露更多的环境信息。

已有较多文献研究了环境信息披露与企业绩效之间的关系。有学者认为，企业环境表现与企业环境信息披露之间存在负向影响(Patten，2002；沈洪涛和刘江宏，2010；沈洪涛和黄珍，2014)。即企业的实际环境表现越差，企业越倾向于披露更多的环境信息来掩盖，从而获得投资者和监管者的信任，实现合法化管理。也有学者认为，根据信号理论，企业的环境表现越好，企业越倾向于披露更多的环境信息（Wiseman，1982；Clarkson 等，2008；沈洪涛和黄珍，2014)。出于经济目的，管理者会选择披露更多的环境信息来减少信息不对称，从而降低成本。但 Hughes 等（2001）又提出，环境信息披露并不能完全代表企业的实际环境表现，两者之间可能并没有关系。整体来说，环境信息披露与企业实际的环境表现之间的关系尚未得到统一的结论。

此外，Verrecchia（1983）认为企业是否愿意披露环境信息和披露的专有成本有关。本书提到，货币性信息的披露会增加企业的专有成本，因此竞争对手可以由此了解到企业的相关支出信息。因此，本章进一步将环境信息区分为货币性信息和非货币性信息。由于货币性信息涉及企业的财务支出，具有专有性而不易被其他企业模仿，因此也被称为“硬环境信息”，而非货币性信息作为文本类型，具有较强的模仿性，因此被称为“软环境信息”。结合环境绩效，有文献表明环境绩效差的企业会披露更多的软环境信息（Patten，2002；孟晓华，2014），以显示其环境的合法性；而环境绩效较好的企业会披露更多具体可靠的信息以区别于其他企业，从而提升公司价值。同时，本章认为军人拥有正直的道德感和崇高的社会责任感，因此参军高管所在的企业实际环境绩效可能会更好。综合以上，提出以下假设：

H2：具有参军经历的高管所在的企业会披露更多的硬环境信息。

H3：具有参军经历的高管所在的企业会披露更少的软环境信息。

3.4 研究设计

3.4.1 数据来源及样本选择

本章选取的原始样本为2007—2016年沪深证券交易所的A股上市公司，其中剔除ST、*ST类公司，此类公司的信息通常异于平常的公司。因此，为保证数据的可信度，本研究选择将此类公司剔除。时间的选取主要依据为2007年之前企业年报里环境信息披露甚少，不具有代表性。此外，考虑到金融行业（Code为J）的公司年报里环境信息涉及较少，普遍而言环境信息披露质量偏低，因此为保证数据的合理性也将其剔除。除因变量之外，自变量和控制变量的数据都将从CSMAR数据库里获得。最终，本章的样本为2614家上市公司，17571个公司和年份观察值。

表3－1显示了样本筛选过程的整体数据变化情况。表3－2则

为每年样本的行业分类情况。在2012年，证监会发布了《上市公司行业分类指引》，该指引详细地规定了19个行业类别。从表3－2可以看出，教育、卫生和社会工作两个行业的公司数量较少，而制造业的公司数量为所有行业当中最多的，超过总数量的一半。表3－3中列示了拥有参军经历的高管的数量，进一步地，本章将企业高管细分为总经理和董事长。不难看出，拥有参军经历的高管所在企业的环境信息披露（下文简写为*EID*）、硬环境信息披露（下文简写为*EID_Hard*）质量明显比非参军高管所在的公司偏低，而对于软环境信息披露（下文简写为*EID_Soft*）两者并无较大差距。

表3－1　　样本筛选

样本	剔除样本数	留存观察值	公司数
初始样本：CSMAR中有效样本数据（公司—年度），2007—2016年		23129	3175
剔除ST、*ST类公司和金融行业公司（编码为J）	1599	21530	2998
剔除资产小于负债的公司和董事会人数为0的公司	491	21039	2997
剔除控制变量年度缺失数据的样本	3468	17571	2614

表3－2　　样本行业分布

行业编码和名称		年份										总数
		2007	2008	2009	2010	2011	2012	2013	2014	2015	2016	
A	农、林、牧、渔业	17	19	21	21	31	32	35	35	35	36	282
B	采矿业	32	43	46	48	48	57	58	58	61	63	514
C	制造业	643	730	765	852	1086	1306	1365	1336	1368	1489	10940
D	电力、热力、燃气及水生产和供应业	65	64	66	65	65	71	75	75	78	93	717

续表

行业编码和名称		年份										总数
		2007	2008	2009	2010	2011	2012	2013	2014	2015	2016	
E	建筑业	28	32	35	38	47	57	59	59	65	73	493
F	批发和零售业	105	111	112	113	125	132	134	123	123	134	1212
G	交通运输、仓储和邮政业	53	54	56	62	71	73	76	73	50	56	624
H	住宿和餐饮业	7	7	8	7	9	9	9	7	8	6	77
I	信息传输、软件和信息技术服务业	29	31	38	53	79	100	114	119	127	166	856
K	房地产业	83	89	96	98	98	106	106	103	101	99	979
L	租赁和商务服务业	11	12	14	17	19	19	18	22	25	36	193
M	科学研究和技术服务业	2	2	3	5	8	10	11	10	16	25	92
N	水利、环境和公共设施管理业	13	14	13	13	20	23	24	22	26	30	198
P	教育	1	1	1	1	1	1	1	1	1	2	11
Q	卫生和社会工作	0	0	0	1	1	2	2	2	3	7	18
R	文化、体育和娱乐业	9	9	9	11	18	19	24	27	32	37	195
S	综合	15	19	17	17	16	17	18	17	16	18	170
总数		1113	1237	1300	1422	1742	2034	2129	2089	2135	2370	17571

表3-3　　参军高管分年度描述性统计

年份	公司总数	参军高管公司数（占比）	参军董事长公司数（占比）	参军总经理公司数（占比）	非参军/参军公司的 *EID*	非参军/参军公司的 *EID_Soft*	非参军/参军公司的 *EID_Hard*
2007	1113	30（2.70%）	29（2.61%）	12（1.08%）	2.10/1.03	0.44/0.13	1.65/0.90
2008	1237	39（3.15%）	34（2.75%）	19（1.54%）	2.80/2.49	0.70/0.72	2.10/1.77
2009	1300	35（2.69%）	29（2.23%）	17（1.31%）	3.04/2.60	0.70/0.66	2.34/1.94
2010	1422	39（2.74%）	31（2.18%）	19（1.34%）	2.78/1.64	0.41/0.26	2.37/1.38
2011	1742	48（2.76%）	43（2.47%）	22（1.26%）	2.50/1.79	0.36/0.15	2.14/1.65
2012	2034	58（2.85%）	53（2.61%）	24（1.18%）	3.04/2.28	0.65/0.55	2.39/1.72
2013	2129	60（2.82%）	54（2.54%）	24（1.13%）	2.78/2.35	0.52/0.52	2.25/1.83
2014	2089	56（2.68%）	53（2.54%）	20（0.96%）	3.10/2.80	0.57/0.52	2.53/2.29
2015	2135	54（2.53%）	49（2.30%）	21（0.98%）	4.08/3.72	1.05/1.24	2.84/2.48
2016	2370	68（2.87%）	60（2.53%）	28（1.18%）	4.15/4.04	1.11/1.21	2.87/2.78
总计	2614	125（4.75%）	102（3.88%）	67（2.55%）	3.14/2.62	0.68/0.65	2.41/1.96

3.4.2 变量设计

（1）被解释变量

环境信息披露质量（*EID*）为本章的被解释变量。考虑到单独发布社会责任报告和环境报告的公司数量，本章基于上市公司发布的年度报告来衡量环境信息披露质量。根据已有文献（Cho和Patten，2007；Liu和Anbumozhi，2009；Zeng等，2010；毕茜等，2012）对企业环境信息披露质量的评价方法，同时参照2008年发布的《中国上市公司环境信息披露导引》，本章共设置了10个具体披露项目类型，建立了环境信息披露质量评分准则，详见表3－4。其中，软信息是指无法通过货币性信息进行披露的项目，总共3个小项；硬信息是指能够通过货币性信息进行披露的项目，总共7个小项。根据企业在年报里对以上项目的披露情况，进行赋值打分。评分标准如下：将环境信息披露内容分为“一般信息”“非货币性信息”“货币性信息”三种。当环境信息披露涉及财务与量化类信息时赋值3分，披露具体的非财务类或量化类信息时赋值2分，对于一般的、简短的信息赋值1分，没有披露信息的赋值0分（Wiseman，1982；Cho和Patten，2007；Zeng，2010）。因此最终计分公式为：

$$EID = \sum CID_{i,j}, i = 0—10 \tag{3-1}$$

其中，$CID_{i,j}$为i公司j指标的得分。为避免主观性，本章从上市公司年报中摘取与环境相关的信息，通过20人对同一样本公司进行独立评分，对比和修正指标评价主观误差后，再进行全样本公司综合评分，最终以取平均值来确定每一家公司的环境信息披露质量。

表3－4　　　　环境信息披露（*EID*）评分标准

指标分类	具体指标	评分标准
硬信息：I_1、I_2、I_3、I_6、I_7、I_8、I_{10}； 软信息：I_4、I_5、I_9	I_1企业环保投资和环境技术开发	0分代表未披露信息； 1分代表披露一般信息； 2分代表披露非货币性信息； 3分代表披露货币性信息
	I_2与环保相关的政府拨款、财政补贴与税收减免	
	I_3企业污染物的排放及排放减轻情况	
	I_4ISO环境体系认证相关信息	
	I_5生态环境改善措施	
	I_6政府环保政策对企业的影响	
	I_7有关环境保护的贷款	
	I_8与环保相关的法律诉讼、赔偿、罚款与奖励	
	I_9企业环境保护的理念和目标	
	I_{10}其他与环境有关的收入与支出项目	

（2）解释变量

本研究将*Army*作为企业高管是否具有参军经历的变量，若企业高管具有参军经历则赋值为1，否则为0。首先，从CSMAR数据库里导出2007—2016年A股上市公司所有的高管人物信息。再根据高管的职位区分总经理和董事长两种高管类型，并分别形成两个数据集。对于高管的参军经历，研究中采取对个人简历信息进行关键词搜索的方法。关键词包括军、兵、连、炮、军队、国防等。此外，在以上常见关键词的基础上，研究进一步扩大了数据的采集范围以扩充样本数量。将“新疆兵团”“农一师”“航空”等结合中国国情的关键词一并纳入自变量选取标准的范围，并认为此样本的选取并不会对数据造成实质性的误差影响。自变量来源最终包括以下几个方面：①海、陆、空、二炮等常规军种；②新疆等生产建设兵团；③武警部队；④民兵、预备役服役；⑤军事科研院所、军事院校和军事医院；⑥从事航天科工中相关军工工作；⑦获得部队或军事相关奖励等。

(3) 控制变量

参考赖黎等（2016）、Luo 等（2017）的文献，本章将从个人层面和企业层面进行变量控制，即把企业高管的个人特征和企业的相关指标作为控制变量，这些数据直接从 CSMAR 数据库里获得。其中企业高管的个人特征包含了年龄、性别、任期等，公司层面的特征包括盈利能力、杠杆等。具体解释见表 3－5。

表 3－5　控制变量定义

变量类型	变量名称	变量符号	定义
高管特征	年龄	*Age*	董事长或总经理年龄
	任期	*Tenure*	任职年数加 1 取自然对数
	性别	*Gender*	男性取值为 1，女性取值为 0
	教育背景	*Education*	大专、高中及高中以下赋值为 0，大专为 1，本科赋值为 2，硕士为 3，博士为 4，其他赋值为 5
	两职兼任	*Isduality*	若高管同时为董事长和总经理，那么取值为 1，否则为 0
公司特征	公司规模	*Size*	总资产取对数
	资产收益率	*ROA*	净利润除以资产
	公司杠杆	*Lev*	负债除以资产
	固定资产比例	*Fa*	公司固定资产总额除以总资产
	托宾 Q 系数	*Tq*	市值除以总资产
	产权属性	*State*	若产权性质为国有企业，则取值为 1，否则为 0
	董事会规模	*Board*	董事会人数取对数
	独立董事比例	*Indep*	独立董事人数除以董事会人数
	第一股东持股比例	*Oc*	第一大股东持股比率

3.4.3　模型建立

根据以上的研究设想，本章设计以下模型：

$$EID = \lambda + \alpha_1 \times Army + \beta \times Characteristics + \delta \times Company + \mu \times Industry + \nu \times Year + \varepsilon \quad (3-2)$$

其中，*EID* 代表企业的环境信息披露质量。本章将 *EID* 进一步区分为 *EID_Hard* 和 *EID_Soft*。*EID_Hard* 表示硬环境信息，*EID_Soft* 表示软环境信息。*Army* 代表企业高管的参军经历。同 *EID* 一样，将 *Army* 进一步区分为 *Chairman* 和 *CEO*。*Chairman* 表示参军董事长，*CEO* 代表参军总经理。*Characteristics* 是企业高管的个人特征，其中包括年龄、任期、教育背景、性别、两职兼任。*Company* 代表企业层面的特征，其中包括公司规模、净资产收益率、第一股东持股比例、固定资产比率、托宾 Q 系数、公司杠杆、产权属性、独立董事占比、董事会规模。所有回归包括行业固定效应和年度固定效应，以控制各行业的差异以及企业 *EID* 时间趋势。为排除异常值的干扰，本章对所有连续数据进行 1% 和 99% 的 Winsorize 处理。

3.5　实证分析与检验

3.5.1　描述性统计

表3－6展示了主要变量的描述性数据。*EID* 的平均值为 3.126，*EID_Hard* 均值为 2.444，而 *EID_Soft* 的均值仅为 0.682，即样本中上市公司的平均环境信息总得分为 3.126 分，软环境信息平均得分为 0.682 分，硬环境信息得分为 2.444 分，表明大多数企

业的软环境信息披露质量较低，而硬环境信息披露质量相比较而言偏高。从最大值也能看出，硬环境信息的质量偏高。*CEO* 的均值仅为 *Chairman* 的一半，表明具有参军经历的董事长人数是总经理的两倍，但参军高管的均值为 0.028，从此可见参军董事长和参军总经理之间有较大重合。从高管个人层面的控制变量来看，高管的平均年龄为 52 岁，学历多为大学本科，文化程度普遍较高。*Isduality* 均值仅为 0.229，表示不到 1/3 的高管同时兼任董事长和总经理。*Gender* 均值为 0.959，表明有 95.9% 的企业高管为男性，而女性仅占 4.1%。*Tenure* 的均值为 1.334，表示高管的平均任职期限为 2.8 年。从公司层面的控制变量来看，*Lev* 的均值为 0.44，表示样本的平均杠杆率为 44%。*Fa* 的均值为 0.223，即总资产当中有 22.3% 为固定资产。*State* 的均值为 0.488，表示样本中几乎一半的上市公司为国有企业。*Board* 均值为 2.277，代表平均董事会人数为 9 人。*Indep* 的均值为 0.37，表示董事会中 37% 是独立董事。其余控制变量呈现合理的分布趋势。

表 3 - 6　　描述性统计

变量	数量	平均值	标准差	最小值	最大值
EID	17571	3.126	3.469	0	22
EID_Soft	17571	0.682	1.006	0	7
EID_Hard	17571	2.443	3.016	0	18
Army	17571	0.028	0.164	0	1
Chairman	17571	0.025	0.155	0	1
CEO	17571	0.012	0.108	0	1
Isduality	17571	0.229	0.420	0	1
Gender	17571	0.959	0.198	0	1
Lev	17571	0.440	0.210	0.049	0.891
ROA	17571	0.047	0.060	-0.785	2.317

续表

变量	数量	平均值	标准差	最小值	最大值
Size	17571	21.830	1.209	19.380	25.550
Fa	17571	0.223	0.174	0.001	0.971
State	17571	0.488	0.500	0	1
Board	17571	2.277	0.180	1.609	2.944
Indep	17571	0.370	0.054	0.090	0.800
Oc	17571	35.867	15.217	2.197	89.990
Tq	17571	2.317	2.542	0.083	67.113
Age	17571	52.117	6.925	26	85
Tenure	17571	1.334	0.662	0.080	3.175
Education	17571	2.676	1.623	0	5

为了进一步探究参军高管与非参军高管的各变量指标的特征，本章分别形成了两个数据集。从表 3-7 可以看出，参军高管所在的企业的环境信息质量总体偏低，其中软环境信息质量无较大差别，硬环境信息质量更差。再者参军高管年龄偏大，同时兼任董事长和总经理的概率更小，参军高管所在的企业托宾 Q 系数更大，最大股东持股比例略小。

表 3-7　　参军高管与非参军高管样本描述性统计

变量	参军高管（N=487）			非参军高管（N=17084）		
	均值	中位数	标准差	均值	中位数	标准差
EID	2.62	1	3.29	3.14	2	3.47
EID_Soft	0.64	0	1.02	0.68	0	1.01
EID_Hard	1.98	0	2.86	2.46	1	3.02
Age	54.26	54	6.63	52.06	52	6.92
Gender	0.95	1	0.22	0.96	1	0.20
Tenure	1.36	1.32	0.69	1.33	1.28	0.66

续表

变量	参军高管（N＝487）			非参军高管（N＝17084）		
	均值	中位数	标准差	均值	中位数	标准差
Education	2.70	3	1.58	2.68	3	1.62
Isduality	0.17	0	0.38	0.23	0	0.42
Lev	0.41	0.40	0.21	0.44	0.44	0.21
ROA	0.05	0.04	0.07	0.05	0.04	0.06
Size	21.53	21.45	1.12	21.83	21.69	1.25
Tq	2.78	2.02	2.22	2.24	1.65	1.99
Fa	0.21	0.18	0.16	0.22	0.19	0.17
Oc	34.90	35.25	13.39	35.86	33.96	15.09
State	0.44	0	0.50	0.49	0	0.50
Board	2.26	2.30	0.18	2.28	2.30	0.18
Indep	0.37	0.33	0.05	0.37	0.33	0.05

3.5.2 回归分析

表3－8显示了回归结果。从*EID*来看，参军高管的回归系数在5%的水平上显著，且系数为负，表明有参军经历的高管所在的企业其环境信息披露质量更低，这与本章的假设1不符。同时，有参军经历的董事长的回归系数也在5%的水平上显著，同时系数也为负，而参军*CEO*的回归系数并无显著性。表明董事长的参军经历与企业的环境信息披露之间为负向影响关系。对于企业的*EID_Hard*，本章发现参军高管、参军董事长均对其有显著的负向影响，且两者的回归系数均在5%的水平上显著，与假设2不符。参军高管、参军董事长与参军*CEO*对于*EID_Soft*均为负向作用，但并不显著，与假设3不符。总体而言，参军经历对企业的环境信息披露有负向作用，即高管如果有参军经历，则所在企业的环境信息披露质量更差，企业披露的信息更少。

表3-8 参军高管与企业环境信息披露的回归分析

变量	*EID*			*EID_Soft*			*EID_Hard*		
	(1)	(2)	(3)	(1)	(2)	(3)	(1)	(2)	(3)
Army	-0.311** (-2.37)			-0.017 (-0.41)			-0.292** (-2.50)		
Chairman		-0.279** (-1.99)			-0.011 (-0.24)			-0.265** (-2.13)	
CEO			-0.175 (-0.94)			0.005 (0.09)			-0.182 (-1.07)
Age	0.006* (1.89)	0.006* (1.87)	0.005 (1.30)	0.007*** (6.09)	0.007*** (6.08)	0.002* (1.89)	-0.000 (-0.02)	-0.000 (-0.04)	0.003 (0.86)
Gender	0.011 (0.11)	0.012 (0.12)	-0.107 (-1.17)	-0.015 (-0.44)	-0.015 (-0.44)	0.002 (0.07)	0.026 (0.29)	0.026 (0.30)	-0.108 (-1.33)
Tenure	-0.013 (-0.29)	-0.013 (-0.29)	-0.009 (-0.20)	0.010 (0.72)	0.010 (0.72)	0.022 (1.61)	-0.024 (-0.63)	-0.024 (-0.63)	-0.033 (-0.85)
Education	-0.047*** (-3.33)	-0.048*** (-3.34)	-0.049*** (-3.38)	0.003 (0.65)	0.003 (0.65)	0.004 (0.80)	-0.051*** (-4.03)	-0.051*** (-4.04)	-0.052*** (-4.10)

续表

变量	EID			EID_Soft			EID_Hard		
	(1)	(2)	(3)	(1)	(2)	(3)	(1)	(2)	(3)
Isduality	-0. 106 * (-1. 91)	-0. 105 * (-1. 90)	-0. 137 ** (-2. 45)	0. 010 (0. 58)	0. 010 (0. 58)	-0. 014 (-0. 82)	-0. 121 ** (-2. 48)	-0. 121 ** (-2. 47)	-0. 128 *** (-2. 60)
Lev	0. 469 *** (3. 62)	0. 470 *** (3. 64)	0. 456 *** (3. 53)	-0. 128 *** (-3. 26)	-0. 128 *** (-3. 26)	-0. 145 *** (-3. 70)	0. 587 *** (5. 11)	0. 588 *** (5. 13)	0. 591 *** (5. 15)
ROA	-0. 678 (-1. 64)	-0. 678 (-1. 64)	-0. 657 (-1. 59)	-0. 003 (-0. 02)	-0. 003 (0. 02)	0. 017 (0. 13)	-0. 711 * (-1. 94)	-0. 711 * (-1. 94)	-0. 709 * (-1. 94)
Size	7. 129 *** (12. 15)	7. 131 *** (12. 15)	7. 164 *** (12. 24)	1. 078 *** (6. 06)	1. 078 *** (6. 06)	1. 171 *** (6. 61)	6. 031 *** (11. 55)	6. 033 *** (11. 55)	5. 973 *** (11. 46)
Tq	-0. 123 *** (-9. 16)	-0. 130 *** (-9. 20)	-0. 124 *** (-9. 24)	-0. 029 *** (-6. 68)	-0. 029 *** (-6. 69)	-0. 029 *** (-6. 76)	-0. 096 *** (-8. 10)	-0. 096 *** (-8. 14)	-0. 097 *** (-8. 16)
Fa	4. 417 *** (26. 45)	4. 416 *** (26. 45)	4. 439 *** (26. 63)	0. 553 *** (11. 38)	0. 553 *** (11. 38)	0. 567 *** (11. 67)	3. 856 *** (25. 98)	3. 855 *** (25. 98)	3. 865 *** (26. 09)
Oc	0. 003 ** (2. 01)	0. 003 ** (1. 99)	0. 003 ** (2. 03)	0. 001 ** (2. 03)	0. 001 ** (2. 03)	0. 001 ** (2. 17)	0. 002 (1. 47)	0. 002 (1. 45)	0. 002 (1. 45)

续表

变量	EID			EID_Soft			EID_Hard		
	(1)	(2)	(3)	(1)	(2)	(3)	(1)	(2)	(3)
State	0.340*** (6.53)	0.340*** (6.53)	0.329*** (6.22)	-0.081*** (-5.05)	-0.081*** (-5.04)	-0.084*** (-5.17)	0.420*** (9.04)	0.420*** (9.04)	0.411*** (8.72)
Board	0.155 (1.04)	0.158 (1.06)	0.180 (1.21)	0.014 (0.31)	0.015 (0.31)	0.017 (0.37)	0.146 (1.10)	0.149 (1.12)	0.169 (1.27)
Indep	-1.077** (-2.35)	-1.074** (-2.35)	-1.064** (-2.33)	-0.163 (-1.14)	-0.163 (-1.14)	-0.185 (-1.29)	-0.906** (-2.22)	-0.904** (-2.22)	-0.871** (-2.14)
年份	控制	控制	控制	控制	控制	控制	控制	控制	控制
行业	控制	控制	控制	控制	控制	控制	控制	控制	控制
Adjusted R^2	0.263	0.262	0.262	0.141	0.141	0.1388	0.244	0.244	0.244
F statistic	167.97***	161.11***	167.30***	64.17***	64.17***	63.38***	154.42***	154.55***	153.54***
N	17571	17571	17571	17571	17571	17571	17571	17571	17571

注：***、**、*分别表示1%、5%、10%的显著性水平；括号内为t值。

高管层面的控制变量中，高管的年龄与企业 *EID* 之间存在不同程度的显著影响，总体来看参军高管年龄越大，企业的 *EID* 质量更高。董事长的年龄与企业的 *EID* 是正向影响，在 10% 的水平上显著。董事长与总经理的年龄与软环境信息之间呈现显著的正向关系，显著水平分别为 1% 和 5% 。高管的年龄对企业的硬环境信息为负向影响，但不显著。高管的教育背景与企业的环境信息总得分和硬环境信息质量之间是负向影响关系，且在 1% 的水平上显著，表明高管的学历越高，企业的环境信息披露质量越低。若高管同时兼任董事长和总经理，那么企业的环境信息披露质量会更低，回归系数在 5% 的水平上显著。除此之外，高管的性别和任期与企业的环境信息披露之间无显著关系。

企业层面的控制变量中，企业的杠杆、规模、托宾 Q 系数和固定资产比率的回归系数均在 1% 的水平上显著，其中企业的杠杆、规模和固定资产比率均为正向影响，而企业的托宾 Q 系数为负向影响。参军高管所在的企业如果为国有企业，相较于民营企业而言，企业的 *EID*、*EID_Hard* 会更高，而 *EID_Soft* 会更低，回归系数在 1% 的水平上显著。第一大股东持股比例变量与企业的环境信息总得分和软环境信息之间为正向影响，且在 5% 的水平上显著。独立董事占比越大，企业的 *EID*、*EID_Hard* 越低，且回归系数在 5% 的水平上显著。

3.6 本章小结

本章通过实证经验，分析了企业高管与环境信息披露之间的关系。研究发现，参军高管所在的企业其环境信息披露质量不高，推测可能有以下两方面原因：

首先，较多文献将参军经历视为一种政治关联。有学者发现高管的政治关联与企业环境信息披露之间存在显著的负向关系（姚圣，2011），这在一定程度上支持了本章的结论。某种意义上讲，政治关联是一种政治庇护。如对于国有企业而言，政府会选择以更宽松的政策对待或者给予其更多的资源。因此具有政治关联的企业较少会有被惩戒的顾虑以及资源获取的需求。而环境信息作为一种与外界交流的信号，目的就在于为企业获得更多资源以及取得合法性地位。所以对于具有政治关联的企业而言，并没有披露环境信息的必要性，反而更愿意降低自身要求来节省环境成本。总体而言，当把高管的参军经历视为企业的一种政治关联时，企业的环境信息披露质量会更低。

其次，主要由军队组织自身特殊的性质所导致。第一，军人长期接受部队训练，其中服从命令是军人的天职，由此形成了军人沟通直接、简单的风格；第二，军队更重视军人职业能力的培养，而工作专业能力培养则较少涉及；第三，军队侧重于军事任务的完成，而退役后企业管理需要具备较多商业知识，由此导致能力与岗位的不匹配。目前，政府针对转业军官等退役军人已开展了适应性和专业性的就业培训，但是因为时间短、针对性弱、年龄大、接受度不高等原因，导致培训效果一般。因此，退役军人若作为企业的管理者，他们可能仅专注于社会责任的履行，即倾向于只关注环境保护的行为，但不愿意或者忽略了把企业的环境信息披露作为信息的交流渠道。在不愿意披露的情况下，企业的环境信息披露质量则相对不高。

从环境信息披露的类型来看，一方面，企业的硬环境信息具有难以模仿性，其数量信息使企业具有独特性，可以与其他的竞争者进行区分。本章研究发现参军高管所在的企业会披露更少的硬环境信息，主要原因可能为第二个角度，即参军高管与外界利益相关者的沟通意愿不强，倾向披露较少的环境信息。另一方面，软环境信息是可复制的言语描述，出于竞争或信号传递目的，企业可能选择类比同行，夸大现实从而造成信息失真。因此，企业的软环境信息与参军高管之间均不存在显著的影响关系。

此外，结果表明董事长与总经理与企业环境信息披露之间的显著效果不同，可能是高管的职位效应造成。与欧美发达市场相比，中国公司股权集中度更高，董事长话语权更大。结合2007—2016年两权分离度的数据看，上市公司的平均两权分离度均在5%以上，从2007年的6.62%逐年递减，至2017年平均两权分离度为5.02%，上市公司的股权分离较高。因此，由于企业董事长具有较高的决策权，总经理的参军经历与企业的环境信息披露之间直接影响作用不明显，而董事长与企业的硬环境信息和总环境信息披露之间存在显著的负向影响。

第4章 高管同乡关系对企业环境信息披露行为的影响研究

4.1　问题提出

日趋严重的环境污染问题，迫使人类社会提高环保意识，关注环境的治理与改善。新中国成立70多年来，我国环境保护事业在艰难中逐渐发展，社会对环保和生态文明建设的认识不断深化。同时，环境信息披露相关的法律法规逐步出台，以推动政府和企业的环境信息公开，更有效地解决环境问题。不仅如此，媒体对上市公司环境信息披露质量的关注度不断提升，社会公众对企业环保问题的要求也越来越高。然而，面对外部政府及社会公众的监督，目前我国企业环境信息仍存在披露意愿较低、披露内容缺乏实质性信息、整体披露质量不高的现象。

导致上述现象的主要原因是企业的环境信息披露决策作为一项环境管理活动，根植于企业内外部利益相关者网络中（Darnall等，2010）。企业高层管理者处于决策的枢纽位置，而环境信息披露属于非强制性披露决策，因此企业高管最终决定了是否披露、如何披露等决策。董事长作为董事会的代表，更是对此决策起到监督作用。有文献发现，管理者团队对于环境管理的认知、态度以及彼此间的互动关系，对环境信息披露也有着直接且深刻的影响（Alberti等，2000；Murray等，2006）。同时，除了法律法规等正式制度，在中国的社会活动中，文化、惯例、关系等非正式制度对环境信息披露行为同样具有影响作用。

在我国的社会活动中，人与人之间通常非常重视“关系”。在企业的经营管理中也不例外。目前，上市公司内部高管之间的社会关系已经引起学术界、社会公众和政府相关监管部门越来越高的重视。2012 年 6 月 28 日，《证券时报》《人民网》等媒体报道在众多上市公司中，高管与独立董事之间存在多种隐性社会关系。根据披露数据分析，超过 13% 的董事长与董事会中的独立董事互为校友，报道对于其独立性提出质疑。2013 年 8 月 12 日《证券日报》报道，联想控股对外宣布任命联想控股高管——“自己人”陈绍鹏接管联想控股下属集团丰联集团，而两年间成功收购了四家白酒企业的“外来人”路通则突然离任丰联集团。基于上述诸多社会现实可知，复杂的社会关系对于中国管理者团队的影响巨大，深入探讨管理者之间的“关系”对企业环境管理决策的影响十分必要。

相比西方，“同乡关系”在中国关系型社会中影响更为深远。同乡关系相比校友关系、同事关系等社会关系，具有更强的中国情境特征。一方面，由于我国上市公司中的民营企业主要由家族企业发展形成，管理团队在大型企业的工作经历较少；另一方面，由于我国大学教育从 1977 年后开始恢复，工商管理专业学历教育在改革开放后才正式起步。因此，相比西方国家，同事关系、校友关系在我国的概念认同较弱（陆瑶和胡江燕，2014）。相反，由于中国幅员辽阔，各地域间文化差异较大，“同乡”关系在社会中的影响更为深远，具有很强的中国情境和社会认同。根据披露，许多公司内部高管团队存在较深的“同乡关系网络”。例如，江苏常柴股份有限公司在长达 8 年时间内（2002—2009 年）的总经理及董事会所有成员均为江苏籍人士，具有显著的同乡情结。在 2012 年，艾比森光电股份在上市过程中，被发现其董事长与公司监事、副总经理之间均存在着“同乡”关系。由此可见，“同乡关系”作为我国特殊的社会关系，在公司治理中至关重要。

与鲜明的社会现象不同的是，目前鲜有文献以我国高管“同乡关系”为视角，针对企业环境管理的决策过程进行探讨。因此，本章扎根于我国“关系文化”情境，拟回答高管同乡关系对于我国企业环境信息披露质量是否有影响、影响如何，以及高管同乡关系通过何种机制影响企业环境信息披露质量这两个问题。

4.2　相关研究现状

4.2.1　高管社会关系相关研究

学术界基于关系契约理论、委托代理理论、社会认同理论等理论依据，对高管社会关系相关的问题进行了一系列探讨。早期的研究主要关注公司董事所嵌入的社会网络问题；后期的研究开始聚焦于关系化方向，考虑校友关系、同事关系和老乡关系等社会关系对公司决策的影响（蔡宁，2018）。

（1）公司董事的社会网络

多数文献都认为公司董事的社会关系网络对公司治理具有积极作用。国外学者的研究大多集中在研究公司董事与CEO之间的社会网络关系对于企业并购绩效的影响（Cai和Sevilir，2012；Fracassi和Tate，2012；Ishii和Xuan，2014；Schmidt，2015）。国内学者基于社会网络的结构洞理论，发现独立董事在关系网络中的位置越中心，其所在公司投资效率越高，高管薪酬对业绩的敏感性也越高（陈运森和谢德仁，2011；陈运森和谢德仁，2012）。网络中的洞结构位置，使得企业并购信息和机会更容易被发现（陈仕华等，2013；万良勇和郑小玲，2014）。

（2）高管校友关系

国内外学者对于校友关系的研究话题较为一致。Hwang 和 Kim（2009）选取校友关系作为将董事长和 CEO 联系起来的特征之一，并认为这种关系会对公司治理产生影响。Kelly（2013）通过搜集哈佛大学商学院 MBA 学生的历史实习分配数据来衡量同学关系，发现 MBA 学生通过学习和实习建立的校友关系网络会显著影响公司的薪酬管理和并购战略。国内学者申宇等（2017）研究发现，企业创新绩效具有“母校印记”，并认为这是由于校友关系缓解了企业融资压力，形成信息共享的联盟，进而提高企业专利授权概率。高管校友关系也会通过认同感的加强，降低公司的代理成本。这主要源于互为校友的高管会考虑声誉机制的约束，在决策时对“利己”因素和“利他”因素进行权衡（郭长娟等，2018）。在并购交易中，高管校友关系也起到了促进作用。跨省和跨市并购事件更多发生在校友关系网络较强的企业中（彭聪等，2020）。

（3）高管同事关系

国内外对于高管同事关系的影响研究主题较为分散。国外学者主要研究的主题是高管同事关系对公司业绩的敏感程度（Hwang 和 Kim，2009）。国内学者主要研究的主题是高管同事关系对独立董事与审计师独立性的影响（吴溪等，2015）、对企业并购绩效的影响（胡幸，2018）、对企业投资的影响（蔡宁和何星，2015）。无论研究对象如何，多数研究的观点较为一致。研究大多认为，当高管之间具有同事关系时，个体工作中的合作程度会较高。同时，高管同事关系也会影响董事和审计师的独立性，最终会对企业的财务决策有消极效用。

4.2.2 高管同乡关系相关研究

现有研究对于高管同乡关系的影响研究，主要聚焦在代理问题、企业内部控制、企业违规行为、企业绩效表现以及企业投资行为等方面。研究所反映出的高管同乡关系效应主要分为积极效应和消极效应两方面。

一方面，从代理成本的角度，高管同乡关系会使得双方互相信任，在公司治理中发挥积极作用。研究表明高管间的老乡关系、方言一致性和企业总经理家乡与工作地点的一致性能够缓解代理冲突，降低企业的代理成本（戴亦一等，2016；钱士茹和赵斌斌，2018；孙广达，2019；张十根，2019）。除此之外，总经理与董事长间的“乡文化”一致性和高管的同乡地缘关系对企业绩效、高管团队稳定性、公司信息披露质量等级均有正向影响，并能降低现金持有水平，保持企业健康运营（钱士茹和赵斌斌，2018；赵斌斌和钱士茹，2018；张兆国等，2018；Bian 等，2019；熊浩等，2020）。

另一方面，围绕决策独立性、监督有效性等角度，高管同乡关系也会导致双方间的合谋和互相袒护，在公司治理中发挥消极作用。高管同乡关系、高管同乡地缘关系和高管乡音的差异会影响CEO 对于独立董事的任命、董事会的监督职能和审计质量，削弱上市公司的内部控制质量，提升企业风险水平，提高企业违规程度，抑制研发投入和投资效率和企业创新（刘诚等，2012；陆瑶和胡江燕，2014；陆瑶和胡江燕，2016；杜兴强和熊浩，2017；俞俊利等，2018；乔志程，2019；胡建雄，2020）。

4.2.3 文献述评

通过上述文献梳理可知，有关高管社会关系和同乡关系的研究成果已较为丰富，但鲜有关于高管同乡关系对企业环境信息披露质量的影响研究。现有高管社会关系的相关研究，角度主要为校友关系、同事关系及整体社会关系网络等，从同乡角度进行研究的文献较少。在“高管同乡关系”的相关研究中，研究对象主要为企业创新、投资决策、企业违规行为、企业风险等。目前鲜有研究考虑同乡关系对于企业环境信息披露质量的影响。

为此，本章的贡献主要表现在以下三个方面：一是在高阶理论、关系契约理论的理论框架下，强调高管联结对企业管理决策的效用，丰富企业环境信息披露影响因素相关研究。二是立足中国关系型社会情境，强调管理者的社会属性及有限理性，分别从个体“利己”动机和群体“利他”动机解析董事长与总经理间的同乡关系对企业环境信息披露质量的影响，拓展既有关于高管间同乡关系对公司环境治理影响的研究范畴。三是依据同乡关系的两种认同途径，分别从正式行政区域的出生地和非正式的方言区域对同乡关系概念进行界定，以减少度量方式对研究产生的误差。

4.3　理论分析与研究假设

已有大量研究以高阶理论为基础，从高管特征视角，探讨了高管环保意识、学历教育及专业背景、性别、高管政治关联等对于企业环境信息披露决策的影响。但现实中总经理作为企业战略的决策者，其行为除了受到自身特征影响，还会受到与其他高管之间社会关系的约束。

社会关系一定程度上在董事长的“监督”过程、董事长与总经理之间的“沟通”过程中对公司决策产生影响。社会心理学认为个体之间的社会关系由“相似性”孕育，相似性通过共同教育背景、共事经历、共同的从军经历、共同的政治活动、共同的乡音和地域等产生，由此形成校友关系、同事关系、战友关系、同乡关系等社会关系（蔡宁，2018）。委托代理理论认为，当委托人与代理人之间存在信息不对称情况时，会产生代理问题。由于委托人不能直接观测代理人行为，代理人会产生“偷懒”和“机会主义”行为，进而影响公司管理决策。与委托代理理论相比，源于社会经济学的关系契约理论更加强调个体行为会受到组织中人际关系的影响，而非完全依赖于正式的制度安排。

关系契约理论强调契约中的关系，关注管理者的社会化属性。该理论认为个体通过“嵌入”社会关系网络影响交易成本，导致契约约束的软化，并兼有“利己”和“利他”动机。在公司治理中，“利己”动机体现为维系个体层面的情感和谐（Hwang，1987），“利他”动机体现为维系群体层面的道德标准和谐（Hu，1944），并在中国关系型社会的同乡关系中表现更为强烈。基于以上研究思路，本章将在关系文化范畴内探讨董事长与总经理的同乡关系对企业环境信息披露质量的影响，即以关系契约理论的理论分析为逻辑起点，分析董事长与总经理在人际交往和公司治理中的“动机差异”在企业环境信息披露决策中的效用。

个体层面的“利己”动机。当公司内部高管之间存在同乡关系时，会考虑维系个体间的“情面”，产生关系“偏好效应”。一方面，董事长与总经理的同乡关系会产生裙带效应，董事会的独立性和监督效率会降低。同时，同乡关系也会降低薪酬业绩的敏感性，导致经理人的薪酬激励机制不能正常发挥效用，促使总经理产生消极治理行为（Hwang 和 Kim，2009）。另一方面，总经理考虑维系与董事长的和谐关系，更倾向于保守决策和规避风险，放弃容易导致公司环境信息泄露、媒体过度解读等后果的披露决策（刘学之等，2019）。

基于个体层面的“利己”动机分析，提出如下假设：

H1a：当董事长与总经理之间存在同乡关系时，公司的企业环境信息披露质量较低。

群体层面的“利他”动机。同乡关系，基于身份认同常产生“群体信任”，包含利他情绪，产生关系“信息效应”。一方面，拥有同乡关系的总经理遵循“内群体诚信”原则在决策时会考虑同群体内董事长的感受，忠诚度更高（潘越等，2009；姜永志等，

2012）。另一方面，同乡关系的联结有助于减少信息不对称，降低代理成本，提升监督和沟通效率（戴亦一等，2016）。因此，总经理更倾向于提升风控能力，进行积极治理，作出披露企业环境信息、履行社会责任的决策（杜兴强和熊浩，2017）。

基于群体层面的“利他”动机分析，提出如下假设：

H1b：当董事长与总经理之间存在同乡关系时，公司的企业环境信息披露质量较高。

4.4 研究设计与样本选择

4.4.1 数据来源及样本选择

本章的研究选取2012—2017年深沪两市A股上市公司作为初始样本，并进行如下筛选：

（1）考虑到两职合一公司的董事长和总经理之间不存在权力制衡关系，剔除了样本中出现董事长与总经理由同一人担任的样本。

（2）考虑到ST和*ST类、金融类上市公司的财务数据具有一定特殊性，剔除了ST和*ST类、银行、保险及金融类机构上市公司，并剔除同时发行B股或H股的公司。

（3）剔除被解释变量、解释变量和控制变量等数据缺失的观测值。

经过以上步骤，获得样本区间内共366家上市公司1053个有效观测值。研究中其他变量数据均来自国泰安数据库（CSMAR）和万德数据库（WIND）。为减少极端值的影响，对所有连续变量都在1%和99%分位进行了Winsorize处理。筛选后数据的样本分布详见表4-1（行业按照证监会2012年标准分类）。

表4-1　　样本行业分布

行业	样本量	占比(%)	行业	样本量	占比(%)
农业、林业、畜牧业、渔业	9	0.847	煤矿开采、石油天然气开采业	63	5.983
制造业、农副食品及燃料加工业	571	54.226	电力、热力生产和供应业	59	5.603
建筑装饰和其他建筑业	30	2.849	零售、批发业	72	6.838
运输业、仓储业、邮政业	25	2.374	住宿业、餐饮业	2	0.190
信息技术和互联网相关行业	43	4.084	房地产业	89	8.452
租赁业、商务服务业	24	2.279	研究实验、专业技术服务业	4	0.380
公共设施管理业	19	1.804	教育业	5	0.475
卫生业	2	0.190	广播、新闻出版、文艺业	27	2.564
综合	9	0.847	总计	1053	100

4.4.2　模型构建与变量定义

为检验提出的假设，构建如下模型：

$$
\begin{aligned}
EID = {} & \alpha_0 + \alpha_1 IF + \alpha_2 SIZE + \alpha_3 BOARD + \alpha_4 INDR \\
& + \alpha_5 SUPERVISOR + \alpha_6 STATE + \alpha_7 LEVEL \\
& + \alpha_8 ROA + \alpha_9 TOP1 + \alpha_{10} GROW + \alpha_{11} TANG \\
& + \alpha_{12} MSHA + \gamma IND + \beta YEAR + \varepsilon
\end{aligned}
\tag{4-1}
$$

上述模型中，因变量 *EID* 为采用内容分析法得到的企业环境信息披露质量评分；自变量 *IF*，包含 *IF_HOME* 和 *IF_REGION* 两个虚拟变量，分别衡量董事长和总经理的出生地一致性和方言一致性；*IND* 和 *YEAR* 分别表示行业和年份虚拟变量；α 为回归系数、ε 为模型的残差。

（1）因变量：企业环境信息披露质量

本章采用内容分析法，通过收集上市公司的年度报告和企业社会责任报告，根据企业环境信息披露软性指标和硬性指标两个方面，设置了10个具体披露项目类型，建立了环境信息披露质量评分准则。

（2）自变量：董事长与总经理的同乡关系

本章使用出生地一致性、方言一致性两个维度指标衡量同乡关系（杜兴强和熊浩，2017）。正式行政区域维度，本章构建了户籍一致性虚拟变量（*IF_HOME*），表示公司董事长和总经理是否来自同一正式行政区域。非正式方言区域维度，借鉴戴亦一等（2016）的方法，构建方言区域一致性虚拟变量 *IF_REGION*、*IF_PIECE*、*IF_SMALL* 表示公司董事长和总经理是否来自同一方言区（Region of dialect）、同一方言片（Piece of dialect）和同一方言小片（Small piece of dialect）。其中，*IF_PIECE*、*IF_SMALL* 用于稳健性检验。本章首先根据国泰安数据库（CSMAR）相关数据进行整理，再采用手动搜索的方式弥补出生地信息，最后通过《中国语言地图集：汉语方言卷》手工填补董事长与总经理的方言数据，确定二者是否存在同乡关系。数据收集过程中，仅有省份数据的样本采用地区主要使用方言作为所属方言区；当出生地缺失时，数据采用籍贯地进行补充；如果上述方式均无法获得相关信息，则默认董事长和总经理不存在同乡关系。

（3）控制变量

根据现有研究成果，本章选取以下控制变量：公司规模（*SIZE*）、董事会规模指标（*BOARD*）、独立董事比例（*INDR*）、监事会规模（*SUPERVISOR*）、产权性质指标（*STATE*）、财务杠杆指标（*LEVEL*）、资产收益率（*ROA*）、大股东持股比例（*TOP*1）、成长机会（*GROW*）、固定资产比例（*TANG*）、管理层持股指标（*MSHA*）、行业虚拟变量（*IND*）和年份虚拟变量（*YEAR*）。具体变量定义见表4－2。

表4－2　变量定义

变量名称		符号	变量定义
因变量	环境信息披露质量	*EID*	采用内容分析法，根据评分准则分项打分，汇总总分
自变量	出生地一致性	*IF_HOME*	虚拟变量，董事长与总经理出生地相同取1，否则取0
	方言区一致性	*IF_REGION*	虚拟变量，董事长与总经理方言区相同取1，否则取0
控制变量	公司规模	*SIZE*	公司总资产的自然对数值
	董事会规模	*BOARD*	公司董事人数的自然对数
	独立董事比例	*INDR*	独立董事席位与董事会总席位的比值
	监事会规模	*SUPERVISOR*	监事会总人数
	产权性质	*STATE*	虚拟变量，公司为国有企业取1，民营企业取0
	财务杠杆	*LEVEL*	总负债/总资产
	资产收益率	*ROA*	净利润/总资产
	大股东持股比例	*TOP*1	第一大股东持股比例
	成长机会	*GROW*	主营业务收入增长率
	固定资产比例	*TANG*	固定资产/总资产
	管理层持股	*MSHA*	管理层持股数/公司总股数
	行业、年份变量	*IND*、*YEAR*	构建5个年份虚拟变量、20个行业虚拟变量

4.5　实证结果与分析

4.5.1　描述性统计

表4－3列示了主要变量的描述性统计。通过统计可知，样本

区间内上市公司 *EID* 最小值为 0，最大值为 20，标准差为 4.167，均值为 4.093，说明不同上市公司的环境信息披露质量差异较大，并且总体披露质量偏低。

表 4-3　　描述性统计

变量	样本量	均值	标准差	1/4 分位	中位数	3/4 分位	最小值	最大值
EID	1053	4.093	4.167	0.000	3.000	6.000	0.000	20.000
IF_HOME	1053	0.183	0.387	0.000	0.000	0.000	0.000	1.000
IF_REGION	1053	0.331	0.4710	0.000	0.000	1.000	0.000	1.000
SIZE	1053	22.912	1.434	21.907	22.704	23.843	19.737	21.145
BOARD	1053	2.201	0.210	2.197	2.197	2.303	1.609	2.708
INDR	1053	0.370	0.052	0.333	0.333	0.400	0.333	0.571
SUPERVISOR	1053	4.061	1.335	3.000	3.000	5.000	3.000	9.000
STATE	1053	0.610	0.488	0.000	1.000	1.000	0.000	1.000
LEVEL	1053	0.496	0.201	0.350	0.509	0.652	0.052	0.900
ROA	1053	0.041	0.049	0.012	0.033	0.065	-0.122	0.228
TOP1	1053	0.375	0.156	0.247	0.350	0.500	0.106	0.743
GROW	1053	0.147	0.396	-0.056	0.090	0.227	-0.485	2.650
TANG	1053	0.239	0.176	0.102	0.195	0.341	0.001	0.757
MSHA	1053	0.073	0.159	0.000	0.000	0.020	0.000	0.625

4.5.2　相关性分析

表 4-4 列示了变量间的相关性分析。从表中可知，主要解释变量 *IF_HOME*、*IF_REGION* 均与 *EID* 之间呈负相关关系，且在 1% 水平上显著，初步表明董事长与总经理之间的同乡关系降低了企业环境信息披露的质量，支持假设 H1a。

表4-4 相关性分析

变量	*EID*	*IF_HOME*	*IF_REGION*	*SIZE*	*BOARD*	*INDR*	*SUPERVISOR*	*STATE*	*LEVEL*	*ROA*	*TOP1*	*GROW*	*TANG*	*MSHA*
EID	1.000													
IF_HOME	-0.102 ***	1.000												
IF_REGION	-0.081 ***	0.636 ***	1.000											
SIZE	0.160 ***	-0.211 ***	-0.154 ***	1.000										
BOARD	0.047	-0.022	-0.030	0.157 ***	1.000									
INDR	-0.016	0.009	-0.021	0.113 ***	-0.384 ***	1.000								
SUPERVISOR	0.186 ***	-0.137 ***	-0.071 **	0.301 ***	0.365 ***	-0.015	1.000							
STATE	0.113 ***	-0.346 ***	-0.322 ***	0.377 ***	0.204 ***	0.039	0.346 ***	1.000						
LEVEL	0.066 **	-0.233 ***	-0.147 ***	0.546 ***	0.013	0.013	0.114 ***	0.262 ***	1.000					
ROA	-0.145 ***	0.119 ***	0.077 **	-0.060 *	0.021	-0.030	-0.020	-0.132 ***	-0.437 ***	1.000				
TOP1	-0.018	-0.120 ***	0.001	0.349 ***	0.005	0.074 **	0.099 ***	0.155 ***	0.114 ***	0.033	1.000			
GROW	-0.108 ***	-0.009	-0.076 **	0.043	-0.043	0.048	-0.089 ***	-0.104 ***	0.069 **	0.161 ***	-0.035	1.000		
TANG	0.341 ***	-0.021	-0.016	0.012	0.135 ***	0.003	0.271 ***	0.129 ***	-0.028	-0.194 ***	-0.068 **	-0.134 ***	1.000	
MSHA	-0.071 **	0.346 ***	0.231 ***	-0.363 ***	-0.186 ***	-0.046	-0.233 ***	-0.539 ***	-0.313 ***	0.126 ***	-0.197 ***	0.067 **	-0.029	1.000

注：***、**、*分别表示1%、5%、10%的显著性水平。

4.5.3 回归分析

表4－5列示了董事长与总经理同乡关系与 *EID* 的多元回归结果。由数据结果可知，解释变量 *IF_HOME* 的系数为－0.540，且在10%的置信水平上显著。结果表明，当董事长与总经理来自同一出生地时，*EID* 更低。这表明，董事长与总经理出生地一致性对 *EID* 有显著的负向影响。解释变量 *IF_REGION* 的系数为－0.489，且在5%的置信水平上显著。结果表明，当董事长与总经理来自同一方言区时，*EID* 更低。这表明，董事长与总经理的方言一致性对 *EID* 有显著的负向影响。以上结果均验证了假设 H1a 的理论分析，当董事长与总经理之间存在同乡关系时，在进行环境信息披露的决策中，他们更倾向于从"利己"动机出发，发挥关系的"偏好效应"，出现消极治理的现象。

表4－5 同乡关系与企业环境信息披露质量的回归分析

变量	(1)	(2)
IF_HOME	－0.540* (－1.91)	
IF_REGION		－0.489** (－2.18)
SIZE	0.020 (0.19)	0.012 (0.11)
BOARD	－0.606 (－1.05)	－0.668 (－1.16)
INDR	－0.383 (－0.17)	－0.573 (－0.26)
SUPERVISOR	0.223** (2.55)	0.235*** (2.69)
STATE	0.288 (1.10)	0.240 (0.90)

续表

变量	(1)	(2)
LEVEL	2.836*** (3.56)	2.961*** (3.74)
ROA	-3.164 (-1.27)	-3.111 (-1.25)
*TOP*1	0.055 (0.08)	0.223 (0.31)
GROW	-0.840*** (-3.25)	-0.875*** (-3.37)
TANG	5.009*** (6.86)	4.996*** (6.85)
MSHA	-0.601 (-0.77)	-0.741 (-0.96)
Constant	-0.541 (-0.21)	-0.274 (-0.11)
年份与行业	Yes	Yes
观测值	1053	1053
R^2	0.462	0.462
F statistic	24.20***	24.26***

注：***、**、*分别表示1%、5%、10%的显著性水平；括号内为t值。

4.6　稳健性检验与进一步分析

4.6.1　稳健性检验

（1）替换自变量进行检验：考虑同乡关系的差序格局影响

由于同乡关系的认同在范围上存在圆形差序格局，同乡情结的心理效应会由于范围的扩大而减弱（姜永志等，2012）。因此，本章对方言区构建层级变量 *IF_PIECE* 和 *IF_SMALL*。当董事长与总经理来自同一方言片时，*IF_PIECE* 为1，否则为0；当董事长与总经理来自同一方言小片时，*IF_SMALL* 为1，否则为0。结果如表4-6所示（其中控制变量略，下同），*IF_PIECE* 和 *IF_SMALL* 均在5%置信水平上显著负相关，且后者系数绝对值更大。这表明当董事长和总经理的所在方言区范围越小、同乡关系程度越强时，其对于 *EID* 的负向影响更为明显。

表4-6　　　　稳健性检验

Panel A：同乡关系差序格局影响		
变量	(1)	(2)
IF_PIECE	-0.645** (-2.24)	
IF_SMALL		-0.749** (-2.18)
控制变量	Yes	Yes
年份与行业	Yes	Yes
观测值	1053	1053
R^2	0.462	0.462
F statistic	24.27***	24.25***
Panel B：行业影响		
变量	(1)	(2)
IF_HOME	-0.781** (-2.10)	
IF_REGION		-1.069*** (-3.55)
控制变量	Yes	Yes
年份与行业	Yes	Yes
观测值	571	571
R^2	0.436	0.444
F statistic	21.22***	21.94***

注：***、**、*分别表示1%、5%、10%的显著性水平；括号内为t值。

（2）选取子样本进行检验：考虑行业的影响

由于高污染行业相较其他行业，面临更大的外部制度压力，会更倾向于主动披露企业环境信息（王建明，2008）。相比非高污染行业，高管的同乡关系对于高污染行业的影响可能性相对较小。因此，本章选取造纸制品业、铁路等运输设备制造业、有色金属冶炼加工业、医药制造业等高污染行业的样本进行回归，以此检验同乡关系是否在高污染行业中仍然存在治理效应。由表4－6可知，主要解释变量*IF_HOME*在5%置信水平上显著，*IF_REGION*在1%置信水平上显著，与*EID*呈负相关关系，即两者结果均与主回归结论一致。

（3）工具变量：解决内生性问题

为进一步解决由于遗漏变量、测量误差、双向因果等导致的内生性问题，本章采用高管异地工作氛围和公司所在地人口流动情况作为“同乡”关系的工具变量。通过两阶段最小二乘法，解决在“同乡”关系变量中存在的内生性问题。

关于选择异地工作氛围作为工具变量的原因。公司的经营地的选择是公司设立时的重要决策。相对来说，当人们处于熟悉的环境工作时，会提升对于群体的信任度。相反，当公司高管处于异地工作时，对于群体内人员的信任度会降低。同乡关系作为社会关系的一种，在信任环境不同的情况下，其一致性的概率也会受到影响。基于上述分析，作者认为公司异地工作氛围与“同乡”关系有显著的相关关系，且属于外生变量。另外，公司异地工作氛围与企业环境信息披露质量*EID*不直接相关，因此是一个较为合适的工具变量。本章以设置分类变量（*Vibe*）对公司异地工作氛围进行衡量，高管没有异地工作情况为0，一方异地为1，两方异地为2。本章将异地工作氛围（*Vibe*）加入模型进行两阶段最小二乘回归。由表4－7中第（1）、第（3）列的第一阶段回归结果可知，当公司异地工作氛围越强时，“同乡”关系一致性越强，两者显著正相关。在第（2）、第（4）列的第二阶段回归中，主要变量的符号与先前结论一致，均通过显著性检验。

表 4-7　两阶段回归结果

变量	（1）第一阶段	（2）第二阶段	（3）第一阶段	（4）第二阶段
Vibe	0.361*** (18.21)		0.563*** (27.58)	
Pop	0.130*** (6.45)		0.120*** (4.98)	
IF_HOME		-1.123** (-2.50)		
IF_REGION				-0.671** (-2.31)
控制变量	Yes	Yes	Yes	Yes
年份与行业	Yes	Yes	Yes	Yes
观测值	1053	1053	1053	1053
R^2	0.475	0.459	0.557	0.462
F statistic		179.07		388.65

注：***、**、*分别表示1%、5%、10%的显著性水平；括号内为t值。

关于选择人口流动情况作为工具变量的原因。在人口流动净流入地区，外乡人口会引入文化，使文化环境更为复杂，人际交往间更需要社会关系维系信任度。因此，人口流动情况应与“同乡”关系有显著的相关关系。但人口流动情况与 *EID* 不直接相关，因此，人口流动情况是一个较为合适的工具变量。本章参照戴亦一等（2016）的研究，设置变量人口流动情况（*Pop*）加入模型进行两阶段最小二乘回归。由表4-7中第（1）、第（3）列的第一阶段回归结果可知，在人口净流入地区，“同乡”关系一致性越强，两者显著正相关。在第（2）、第（4）列的第二阶段回归中，主要变量的符号与先前结论一致，均通过显著性检验。

工具变量过度识别检验通过，即两个工具变量均为外生，与扰动项不相关。弱工具变量检验的F统计量均大于10，拒绝了存在弱工具变量的原假设。上述结果表明，解决内生性问题后本章的结论依然成立，结论具有稳健性。

4.6.2　进一步分析

（1）“同乡”关系效应的环境影响

本章将从同乡商会数量（*Group*）和地域地形（*Relief*）两个层面，进一步讨论出生地一致性（*IF_HOME*）、方言一致性（*IF_REGION*）产生关系效应的环境影响，即其作用于 *EID* 的影响机制。

出生地一致性通常更具有身份代表性，体现于各地的“同乡圈层”。董事长与总经理之间的关系效应主要由同乡关系而聚集的“内群体原则”激发（潘越等，2009；姜永志等，2012）。区域内的同乡商会，一方面构成成员之间的个人人际关系，另一方面也从群体层面具有约束效应（潘越等，2020）。为检验出生地一致性（*IF_HOME*）对 *EID* 的影响机理，本章设置同乡商会数量（*Group*）为调节变量。由表4-8可知，交乘项 *IF_HOME* × *Group* 的估计系数在10%的置信水平上显著。结果表明，地区同乡群体氛围越强，同乡关系中的出生地一致性越不能发挥其关系“偏好效应”，对 *EID* 产生的负向作用越弱。

表4-8　　同乡商会的调节效应

变量	(1)
IF_HOME	-2.195 ** (-2.33)
IF_HOME × *Group*	0.081 * (1.89)
Group	-0.048 *** (-2.91)
控制变量	Yes
年份与行业	Yes

续表

变量	(1)
观测值	1053
R^2	0.466
F statistic	23.33***

注：***、**、*分别表示1%、5%、10%的显著性水平。

方言，作为一种沟通的工具，在不同地理环境下有差异化特征。封志明等（2007）的研究指出中国的地形起伏度与人口密度具有较好的对数拟合关系。地形起伏度越高的地区，人口密度越小，方言差异更大，人与人之间对于同乡的归属感和认同感会更强。一定程度上，方言一致性产生的信任偏好会由于地形、语言及人口环境的不同产生差异。为检验方言一致性（*IF_REGION*）对*EID*的影响机理，参考戴亦一等（2016）的研究，本章采用封志明等（2007）提取的基于栅格尺度，设置地形起伏程度（*Relief*）为调节变量。由表4-9可知，交乘项*IF_REGION*×*Relief*的估计系数在5%的置信水平上显著。结果表明，当地区地形越复杂，人们处于人口密度较大、环境较为复杂的地区时，方言的一致性更能发挥其关系"偏好效应"，对*EID*产生抑制作用。

表4-9　　地域地形的调节效应

变量	*EID*
IF_REGION	-0.101 -0.34
IF_REGION× *Relief*	-0.627** (-2.52)
Relief	0.642*** (3.89)
控制变量	Yes
年份与行业	Yes

续表

变量	*EID*
观测值	1053
R^2	0.470
F statistic	23.67***

注：***、**、* 分别表示 1%、5%、10% 的显著性水平；括号内为 t 值。

（2）产权性质的影响

正式制度与非正式制度之间存在互补作用，当正式制度的约束不足时，非正式的契约关系更容易影响公司决策（毕茜等，2015）。已有研究认为，与民营企业相比，国有企业董事长与总经理之间社会关系的牵制更弱，更倾向于考虑社会责任及政府的监督（李文贵和余明桂，2012；杜兴强和熊浩，2017）。因此，本章认为董事长与总经理的同乡关系对于企业环境信息披露质量的影响，会因产权性质的不同而产生显著差异。本章依据公司产权性质（*STATE*）将其划分为国有企业组、民营企业组两个样本，再次回归。结果如表 4－10 所示，在国有企业组，*IF_HOME* 和 *IF_REGION* 均未通过显著性检测。在民营企业组，*IF_HOME* 在 10% 置信水平上显著负相关，*IF_REGION* 在 1% 置信水平上显著负相关。这表明董事长与总经理的同乡关系对于 *EID* 的消极影响，更多地体现在民营企业中，并且在民营企业中方言一致性的影响效应更为显著。

表 4－10　　　　分组检验结果

Panel A：产权性质分组

变量	国有企业		民营企业	
	(1)	(2)	(1)	(2)
IF_HOME	−0.597 (−1.12)		−0.599* (−1.86)	
IF_REGION		−0.295 (−0.87)		−0.865*** (−2.94)

续表

Panel A：产权性质分组

变量	国有企业		民营企业	
	（1）	（2）	（1）	（2）
观测值	642	642	411	411
R^2	0.472	0.471	0.513	0.519
F statistic	15.93***	15.91***	12.03***	12.35***

Panel B：高管性别分组

变量	"男+女"组合		"男+男"组合	
	（1）	（2）	（1）	（2）
IF_HOME	0.125 (0.13)		-0.517* (-1.70)	
IF_REGION		-0.270 (-0.24)		-0.474** (-1.99)
观测值	96	96	957	957
R^2	0.708	0.708	0.459	0.459
F statistic	5.52***	5.53***	21.66***	21.71***

Panel C：市场化水平分组

变量	低市场化		高市场化	
	（1）	（2）	（1）	（2）
IF_HOME	-0.932* (-1.80)		-0.259 (-0.77)	
IF_REGION		-0.523*** (-1.39)		-0.304 (-1.07)
观测值	462	462	591	591
R^2	0.513	0.512	0.453	0.454
F statistic	12.83***	12.76***	12.76***	12.79***
行业、年份	Yes	Yes	Yes	Yes

注：***、**、*分别表示1%、5%、10%的显著性水平；括号内为t值。

（3）性别组合的影响

由于中国存在“男娶女嫁”观念，女性会对娘家与婆家两地的认同感有所权衡，导致其对于同乡关系的认同相对较弱（姜永志和张海钟，2010）。除此之外，企业环境信息披露属于非强制性披露决策，披露相关环境信息会导致技术泄露、媒体过度解读等后果（刘学之等，2019），而女性领导更倾向于风险规避（李世刚，2013）。因此，本章认为董事长与总经理的同乡关系对 *EID* 的影响，会因两者性别组合不同而产生显著差异。由于本章样本中不存在董事长与总经理均为女性的样本，因此本章依据董事长与总经理性别将样本分为“男＋男”组和“男＋女”组，当董事长与总经理均为男性时，归为前者；当董事长与总经理中存在女性时，归为后者。结果如表4－10所示，在“男＋男”组，*IF_HOME* 在10%置信水平上显著负相关，*IF_REGION* 在5%的水平上显著负相关。在“男＋女”组，*IF_HOME* 和 *IF_REGION* 均未通过显著性检测。这表明，董事长与总经理的同乡关系对 *EID* 的消极影响更多地体现在二者全为男性的高管组合中，且男性组合中方言一致性的影响效应更为显著。

（4）市场化水平的影响

考虑到公司外部环境的影响，当公司所在地的市场与政府的关系不密切时，企业内部管理者之间的籍贯或者方言对企业环境决策影响更为显著。因此，本章依据樊纲等（2011）市场化指数的分指标“市场与政府的关系”评分将其划分为高、低两个样本。结果如表4－10所示，在高市场化组，*IF_HOME* 和 *IF_REGION* 都未通过显著性检测。结果表明在高市场化程度下，董事长与总经理的同乡关系对 *EID* 的影响并不明显。在低市场化组，*IF_HOME* 未通过显著性检测，而 *IF_REGION* 在1%置信水平上显著。这表明在低市场化程度下，董事长与总经理的方言一致性对 *EID* 的抑制作用更为明显。

4.7 本章小结

本章以2012—2017年我国上市公司为样本，实证检验了董事长与总经理的同乡关系对企业环境信息披露质量的影响。主要研究结论为：(1) 在企业环境信息披露决策中，具有同乡关系的董事长与总经理更倾向于从“利己”动机出发，维护个体层面的关系和谐。“利己”动机导致的“偏好”效应降低了企业环境信息披露的质量。随着同乡关系程度的加深，同乡关系对于其质量的抑制作用更加明显。(2) 通过分组检验发现，同乡关系的抑制作用在民营企业中更为明显，在国有企业中不显著。在民营企业中，方言产生的“偏好”效应对于企业环境信息披露质量的负向影响更为明显。(3) 进一步分组检验结果表明，董事长与总经理间的同乡关系对环境信息披露质量的抑制作用，根据市场环境和高管性别组合的不同存在差异。在低市场化水平下，同乡关系的抑制作用更为显著；在高市场化水平下，外部市场的压力一定程度上削弱了关系效应，同乡关系对环境信息披露质量的影响不显著。在男性的高管组合中，同乡关系的抑制作用更为明显，且男性组合中方言一致性对企业环境信息披露质量的影响效应更为显著。(4) 通过检验调节效应发现，高管同乡一致性对企业环境信息披露质量的影响，会因所处地区地形环境和地区同乡商会数量氛围的不同产生差异。当地区地形越复杂、文化环境越复杂时，高管同乡关系中的方言一致性更能发挥其关系“偏好效应”，对企业环境信息披露质量产生抑制作用。当地区同乡群体氛围越强，高管同乡关系中出生地一致性的“利己动机”越不能发挥，高管更倾向于“利他动机”，考虑公司长远利益。地区同乡群体氛围削弱了高管同乡关系中的出生地一致性对企业环境信息披露质量产生的负向作用。

基于以上结论，本章的启示及政策建议有：（1）为提升企业环境信息披露质量，无论是从外部环境考虑还是从内部特征进行研究，对于企业高管人员特征的关注十分重要。（2）高管特征一方面表现为个体特征，另一方面表现为个体之间的互动关系，企业决定披露与否和披露质量如何，一定程度上在于高管以及高管间对于环境信息披露的认知以及意见是否一致。（3）提升环境信息披露质量，一方面要更好地发挥政府的监督职能，加大法律法规的约束；另一方面还要注重企业内部高管人员团队的建设，提升企业环境信息披露的内部动力。（4）政府的监管、市场的压力和企业的理念，可以针对企业环境信息披露质量的提升进行优化。

第5章 媒体报道对企业环境信息披露行为的影响研究

5.1 问题提出

党的十九大报告指出，要着力解决当前突出的环境问题，必须从提高污染排放标准、强化排污者责任、健全信息强制性披露和环保信用评价等方面加强制度建设。企业作为经济社会的重要组成部分，一方面促进了我国经济的快速增长，另一方面也付出了巨大的环境代价。整治环境要求企业必须承担起环境保护的社会责任，而企业对环境信息的充分披露，是企业承担环境保护这一社会责任的重要前提。

网络社交媒体的快速发展，使得网络舆情成为企业面临的又一外部压力。作为自媒体的典型代表，新浪微博拥有广泛的用户数量，对环保的传播具有重要作用（赵英煚和杜斌，2013）。2010年年底，微博推出上市一年后，注册用户仅为5000万人。而根据2020年微博财报，截至2020年12月31日，微博活跃用户规模连续增长，月活跃用户数已达5.11亿人，日活跃用户数已达2.24亿人。国内媒体舆论环境的巨大变革，给企业经营带来了一系列的重大影响。研究表明，目前我国上市公司通过微博披露的信息内容非常广泛。其中，披露比例最高的为公司经营类信息，未经公司正式公告披露的信息约占微博信息披露总量的84%。上市公司的治理水平与其开通微博的意愿以及发布信息的数量显著相关，公司治理水平越高，越倾向于开设微博且发布越多与公司密切相关的信息，尤其是未经公司正式公告披露的信息以及经营活动策略类信息（何贤杰等，2016）。由于微博披露能够有效降低投资者的搜寻成本，开通微博的公司股价同步性更低（胡军和王甄，2015）。此外，微博信息中经营活动及策略类信息占比越高的公司股价同步性越低，由于日常经营管理类信息属于定性的“非财务信息”，普通投资者往往不能准确分析和判断这些信息。因此，分析师的跟踪可以增强微博信息内容降低股价同步性的作用（何贤杰等，2018）。同时，微博披露信息会显著增加当日公司股票的超额回报和超额交易量，即当微博对已公告信息进行传播时，相对于没有微博传播的公告会有更强的市场反应（徐巍和陈冬华，2016）。将微博披露聚焦于业绩信息，通过公司官方微博发布业绩信息的公司，其未来股票表现与财务业绩表现均优于未发布业绩信息的公司（王孝钰，2016）。此外，传统媒体与新媒体对股价崩盘风险均有显著的抑制作用，相较于传统媒体，新媒体更具有传播广泛性、快捷性等优势，活跃的社交媒体和上市公司微博开通降低上市公司股价崩盘风险的作用更加明显（孙艳梅等，2018）。作为资本市场中的独立第三方，网络社交媒体的出现对审计师的决策行为也具有显著影响。审计师既关注微博发布的原创信息，也关注转载的已有信息，公司负面报道越多，审计师越有可能对其年报出具非标准审计意见（赵梅等，2017），同时，公司负担的审计费用也越高（尹美群等，2016）。

上述学者均以微博为研究对象，也有学者以微信为代表媒体进行研究发现，公司使用微信披露已公告信息可以提升换手率、股票的成交量和波动率（王冰和潘琰，2017）。有些研究从股市类微信公众号的推送文章中挖掘投资者情绪，通过消极情绪比例能够稳定预测上证指数收盘价，而积极情绪和中性情绪倾向比例的增减变动对于滞后 1 天的上证指数成交量具有显著影响（石善冲等，2018）。微信媒体也具有公司治理作用，可以显著降低公司的第一类和第二类代理成本，且相较于纸媒体，微信对两类代理成本的降低作用更为显著（莫冬燕和张颖，2017）。

综上所述，网络媒体的发展对企业信息披露决策产生了显著影响。由此，本章拟借鉴沈洪涛和冯杰（2012）的研究思路，以沪深两市重污染行业上市公司为研究对象，跟踪研究新背景下媒体报道和政府监管对企业环境信息披露质量的影响。政府监管方面采用调整后的 PITI 指数对监管力度进行评价，媒体报道方面引入新浪微博报道，考虑传统纸媒与网络社交媒体的综合作用，以此为社会舆情对企业环境信息披露的影响提供新的视角和证据。

5.2 理论分析与研究假设

经济学理论一般认为社会或个人的行动均由利益最大化驱动，即强调效益机制。但是环境信息披露的水平不单受经济因素的影响。高管的教育背景、企业新闻以及社会公众给予企业的监管压力同样会对企业披露环境信息的动力产生影响（毕茜等，2012；肖华和张国清，2008；沈洪涛和冯杰，2012；王霞等，2013）。因此，研究企业的环境信息披露动机不能单纯地从经济因素的角度进行考虑。为了解决这一矛盾，麦克斯·韦伯政治学中的合法性理论逐步被研究者运用到营利组织的社会性披露的研究中（戴鑫等，2011）。一个企业的行为是否符合社会的合法性标准，意味着这个企业的行为是否是被公众所接受的。企业存在于社会中，它们依存于社会各个职能部门进行发展。能否得到社会的认可，意味着它们能否获得投资、招到人才，甚至是否具有合法地位。在这种情况下，披露环境信息是企业获得社会认可的重要途径（Aerts 和

Cormier，2009）。

有限关注理论认为，投资者的时间与精力总是有限的，但市场信息数量大且变化快，导致其获取信息的及时性和充分性不足，因此，个体只会对吸引其关注的信息加以分析和判断。而大众传媒会影响公众思想的构建、改变公众的认知。按照传播学的议程设置（Agenda - Setting）理论，大众传播可以通过新闻报道与信息传播的密集程度或显著程度来凸显、隐藏各种“议题”的显著性或重要性，能够设置社会公众关注或谈论的社会议题，从认知层面影响公众对现实世界中事件的重要性进行判断（邹欣，2016）。也就是说，公众对某一事件的看法虽然不能由媒体报道直接决定，但公众的关注点却受媒体报道的直接影响，由此，人们的观点和决策也会相应受到影响。

议程机制的理论核心在于“媒体偏向报道的重要新闻，在社会公众的潜在意识中一样是重要新闻；媒体对某一社会议题施加的关注越多，那么这个议题也会以同样的关注度存在于公众意识中”。已有研究发现，公众关注的事件与媒体报道较多的事件的重合度较高，媒体报道的强调程度与公众的关注程度之间存在显著正相关关系（Funkhouser，1973）。甚至部分学者直接以“媒体视野决定公众视野，媒体观点决定大众判断”这样的语句来评价议程机制。

由此，媒体可以采用议程设置功能，吸引公众关注被报道的企业。同时，正面的媒体报道会对企业产生积极影响，帮助企业树立良好的形象，而负面的媒体报道将会使企业声誉受损，面临合法性危机，从而迫使企业基于社会舆论与合法性要求披露相关环境信息，这符合现有研究总结的企业在危机事件发生后进行合法性管理一般会采取的方式（沈洪涛和冯杰，2012）。同时，相关研究表明，企业在面临媒体曝光、环境污染与法律诉讼时，倾向于披露更多的社会责任信息（Gray 和 Vint，1995）。由此提出如下假设：

H1a：媒体对企业环境表现报道数量的增加，能提高企业环境信息披露数量，改善企业环境信息披露质量。

H1b：媒体对企业环境表现负面报道的倾向性，能提高企业环境信息披露数量，改善企业环境信息披露质量。

外部公共压力是迫使企业进行环境信息披露的直接因素，其基本目的是保持合法性（肖华和张国清，2008）。相较于媒体报道对企业环境信息披露的间接作用，政府监管则显得更为直接，也具有更强的合法性要求。企业追求自身利益最大化，在缺乏政府监管的情况下，会过度开发利用环境而造成市场失灵。企业进行环境管理最原始的动因来源于政府监管（Diabat 和 Govindan，2011）。研究发现，《环境信息公开办法》颁布实施后，企业更愿意增加环境信息的披露（姚圣和周敏，2017）；随着地方政府对企业环境信息公开监管力度的加大，企业环境信息披露质量显著改善（沈洪涛和冯杰，2012；王霞等，2013）。可以看到，政府在促进企业进行环境信息披露中所扮演的角色是积极且重要的。

近年来，环境信息披露的相关法律法规相继出台。由 2007 年的《环境信息公开办法（试行）》到 2010 年的《上市公司环境信息披露指引》、2013 年的《国家重点监控企业自行监测及信息公开办法（试行）》，再到 2015 年的《企业事业单位环境信息公开办法》，可以看到，我国对环境信息披露问题的重视与实施力度逐步增加。与此同时，企业所面临的政策压力也随之增加。但是，国务院、生态环境部等国家机构发布的相关环境信息披露管理文件将很大程度的管理权下放给了地方政府，在这种情况下，由于各地的经济发展水平、支柱性产业、公众环保意识等存在差别，各地方政府的监管力度往往有所差异，从而影响辖区内企业环境信息披露的意愿。由此提出如下假设：

H2：地方政府对企业环境信息披露监管力度的加大，能提高企业环境信息披露数量，改善企业环境信息披露质量。

媒体作为一种社会公众力量的代表，具有舆论引导作用，将对企业造成声誉压力。同时，根据信号传递理论，媒体信息的传播将有效缓解资本市场上投资者与融资方的信息不对称问题。因此，媒体对企业的环境报道将会影响其资本市场的表现，促进企业改进相关环境管理行为，抑制企业环境违规问题，提高环境信息披露水平。有关研究表明，当政府监管力度低或者法律制度不健全时，媒体对企业的关注能有效保护企业的利益相关者（Dyck 等，2008），此时，媒体关注在一定程度上能够发挥与政府监管相似的公司治理作用（郑志刚，2007）。因此，本章认为当政府监管不断加强时，媒体对企业的关注会随之下降，导致媒体报道对企业环境信息披露的影响被削弱。因此，政府监管对于媒体报道可能具有交互效应，提出如下假设：

H3：地方政府对环境信息披露监管力度的加大将削弱媒体报道对企业环境信息披露的促进作用。

5.3　研究设计

5.3.1　样本选择与数据来源

（1）样本选择

本章的研究样本选自沪深股市重污染行业的 A 股企业。在对企业进行筛选的过程中，本章在证监会于 2015 年更新的《上市公司行业分类指引》的基础上，参考了原环保部于 2008 年公布的《上市公司环保核查行业分类管理名录》以及“证券之星”的标准行业检索。最终将重污染行业锁定为八类，即石化塑胶业、水电煤业、金属非金属业、采掘业、造纸印刷业、食品饮料业、纺织服装皮毛业、生物医药业。同时，因为主要研究变量为媒体报道与政府监管，本章对样本公司进行了第二次筛选。所选公司必须同时满足两个条件：一是公司所在地区政府必须有关于环境信息披露监管力度的数据；二是该公司必须在研究年份内有媒体关于其环境表现的报道。本章选取 2016 年作为媒体数据来源的样本年份，并最终锁定 315 家公司构成了本章的研究样本。

（2）数据来源

本章数据自 IPE 数据库、微博、微舆情以及同花顺数据库采集。媒体报道的相关数据来自 IPE 数据库以及微博、微舆情。传统的媒体研究主要集中于报纸杂志，本章在此基础上增加了新媒体的比重。本章选取 7 家关注环境问题的主流微博（@ IPE 数据库、@ 南都周刊、@ 央视新闻、@ 人民日报、@ 新浪环保、@ 中国新闻网、@ 新浪新闻），并与从 IPE 绿色证券数据库中提取的报纸杂志信息共同构成了本章的研究对象。

IPE 数据库作为本章重要的数据库，不仅提供了 2016 年有关上市公司的媒体报道信息，更是政府监管指标的主要评分来源。该数据库针对清洁生产审核信息公开、排污费公示、重点企业年度排放数据公开、环评信息等十个政府表现行为进行评分，并最终给出政府监管评分。

5.3.2 变量选取与说明

（1）被解释变量：企业环境信息披露水平（*EID*）

企业环境信息披露水平（*EID*），具体包括环境信息披露数量（*EID_line*）、环境信息披露显著性（*EID_sig*）、环境信息披露量化性（*EID_amount*）和环境信息披露时间性（*EID_time*）。已有的对企业环境信息披露研究所采用的内容分析法主要有两种分类：一种是 Clarkson 等（2008）所开发的一个基于 GRI 的内容分析指数，来评估在环境社会责任报告或者企业网页上的环境信息披露程度。这个指数有六类指标，企业在信息披露中提到了一个就赋值 1 分。

另一种同样是将环境信息分成六个方面，但是它们对披露程度进行了细分，类似一般性披露 1 分，专业性披露 2 分，定量性披露 3 分等。

本章参考了之前的研究成果，在对六个考量方面进行取舍的基础上，将披露数量也纳入考量范围。在披露质量的评分过程中，本章考虑了上市公司年报的披露特点以及《环境信息公开办法（试行）》的相关内容。以“国家鼓励企业自愿公开”内容为基础，将披露内容确定为表 5－1，每一项中的评分标准见表 5－2。

表 5－1　　　　年报披露内容分类

项目	描述
方案	企业的环境保护方针、年度环境保护期望及成效
消耗	企业年度资源消耗总量
软硬件支持	企业环保投资和环境技术开发情况、企业环保设施的建设和运行情况
可持续	企业排放污染物数量、种类、浓度和去向，企业在生产过程中产生的废物的处理、处置情况，废弃产品的回收、综合利用情况
支出	环保的费用化支出
其他	行业对比、排名等额外披露

表 5－2　　　　信息披露内容评分标准

<table>
<tr><th colspan="2">信息披露</th><th>赋分标准</th></tr>
<tr><td colspan="2">数量</td><td>年报中与披露内容相关的行数</td></tr>
<tr><td rowspan="2">质量</td><td>显著性</td><td>1 分：只在非财务部分披露
2 分：仅在财务部分披露
3 分：既在财务部分又在非财务部分披露</td></tr>
<tr><td>量化性</td><td>1 分：仅是文字性描述
2 分：数量化但非货币化信息
3 分：货币化信息</td></tr>
</table>

续表

信息披露		赋分标准
质量	时间性	1 分：仅有现在的信息 2 分：只有关于未来的信息 3 分：有现在与过去对比的信息

（2）解释变量：媒体报道（*Media*）

现有研究大多采用传统报纸媒体的报道数量衡量媒体关注，或是搜索引擎中的搜索结果数量衡量网络媒体报道数量。原始数据来自中国研究数据服务平台（CNRDS）的中国上市公司财经新闻数据库（CFND）中网络财经新闻版块，以上市公司相关的年度网络财经新闻数量对媒体关注进行测度。相关报道的数量越多，则媒体对公司的关注度越高。

媒体报道（*Media*），本章将其分为媒体报道数量（*Media_amount*）和媒体报道倾向性（*Media_trend*）。媒体报道数量以纸媒和微博搜索到的媒体报道的总篇数测度，同时，根据报道内容的性质，将其分为中性报道、负面报道和正面报道。赋值规则见表 5－3。

表 5－3　　　　媒体报道内容赋值规则

报道类型	赋值	描述
正面报道	1	证实了企业在环保方面的承诺或者强调了企业积极的环境保护行为，例如：增加环保投入、企业投资环保设施等
负面报道	－1	揭露了企业在环保方面存在问题的报道，这些报道往往会有损企业的形象，例如：环评审查不达标、企业污染物排放超标等
中性报道	0	接受环保部门的环评或检查但还未公布结果，国家或环保部颁布法规对该企业所在行业提出相关环保要求，其他公司购买或者引入本公司的环保型设备或者产品等

本章采用 Janis－Fadner 系数（J－F 系数）对媒体报道倾向性进行测度。J－F 系数位于－1.0 到＋1.0 之间。正面报道越多，

也就是正面报道比负面报道的比率更高时，其值越接近 +1.0；负面报道越多，也就是负面报道比正面报道的比率更高时，其值越近 -1.0。其计算公式如下：

$$
J-F\text{ 系数}=\begin{cases}\dfrac{(e^2-ec)}{t^2}, & if\ e>c\\[2ex] \dfrac{(ec-c^2)}{t^2}, & if\ e<c\\[2ex] 0, & if\ e=c\end{cases} \tag{5-1}
$$

其中，e 代表正面报道的篇数；c 代表负面报道的篇数；t 为 e 与 c 之和。如果公司的 Janis - Fadner 系数（J - F 系数）为正，则认为企业处于积极的环境报道下；反之，如果公司的 Janis - Fadner 系数（J - F 系数）为负，则认为企业处于消极的环境报道下；当公司的 Janis - Fadner 系数（J - F 系数）为零时，则认为企业处于中立的环境报道下。通过这个系数，本章将研究媒体报道的正负面性质对企业的环境信息披露的影响。

（3）解释变量：政府监管（*Gov*）

政府监管（*Gov*）。以“中国污染源监管信息公开指数”（PITI 指数）对政府监管进行评估。PITI 指数由公众环境研究中心（IPE）牵头，联合自然资源保护委员会（NRDC）共同开发。IPE 是一家致力于环境信息公开的公益机构，涵盖 338 个地级市的环境数据。PITI 指数的评估对象广泛分布于我国的东、中、西部地区。对纳入评估对象的每一个城市，从清洁生产审核信息公开、排污费公示、重点企业年度排放数据公开等 10 个小项进行评估。PITI 指数的评价主要基于公示及时性、信息完整性、用户友好性和系统全面性。PITI 指数是目前中国最为全面与客观的对地方政府环境信息公开相关法规执行情况的评价指标，能够体现地方政府对环境信息披露的监管力度。

（4）控制变量

参考 Clarkson 等（2008）、毕茜等（2012）、沈洪涛和冯杰（2012），本章的控制变量涉及企业基本特征、公司治理和财务状况。具体而言，包括公司规模（*Size*）、股权性质（*State*）、盈利能力（*ROE*）。研究变量的定义如表 5－4 所示。

表 5－4　　变量定义

变量名称	变量符号	计算说明
环境信息披露水平	*EID*	企业环境信息披露数量与质量的得分之和
环境信息披露数量	*EID_line*	公司年报中与环境信息披露内容相关的行数
环境信息披露质量	*EID_quality*	企业环境信息披露显著性、量化性、时间性得分之和
环境信息披露显著性	*EID_sig*	企业环境信息披露在质量的显著性方面的得分
环境信息披露量化性	*EID_amount*	企业环境信息披露在质量的量化性方面的得分
环境信息披露时间性	*EID_time*	企业环境信息披露在质量的时间性方面的得分
媒体报道数量	*Media_amount*	纸媒与微博对企业环境表现报道篇数
媒体报道倾向性	*Media_trend*	媒体对企业环境表现报道的倾向性（J－F 系数）
政府监管	*Gov*	公司注册地所在城市的 PITI 指数得分
公司规模	*Size*	上市公司期末总资产的自然对数
盈利能力	*ROE*	净利润/平均股东权益
股权性质	*State*	虚拟变量，若控股股东为国有性质的取 1，否则为 0

5.3.3　实证模型构建

本章参考毕茜等（2012）、沈洪涛和冯杰（2012）的研究中使用的回归模型，构建如下基本分析模型：

$$EID(EID\_line, EID\_quality, EID\_sig, EID\_amount, EID\_time) = \alpha_0 + \alpha_1 Size + \alpha_2 ROE + \alpha_3 State + \varepsilon \quad (5-2)$$

为研究媒体报道对企业环境信息披露水平的影响，本章在基本分析模型（5-2）的基础上加入媒体报道数量的变量，构建下列模型：

$$EID(EID\_line, EID\_quality, EID\_sig, EID\_amount, EID\_time) = \alpha_0 + \alpha_1 Size + \alpha_2 ROE + \alpha_3 State + \alpha_4 Media\_amount + \varepsilon \quad (5-3)$$

为研究媒体报道的倾向性对企业环境信息披露水平的影响，本章在基本分析模型（5-2）的基础上加入媒体报道倾向性的变量，构建下列模型：

$$EID(EID\_line, EID\_quality, EID\_sig, EID\_amount, EID\_time) = \alpha_0 + \alpha_1 Size + \alpha_2 ROE + \alpha_3 State + \alpha_4 Media\_trend + \varepsilon \quad (5-4)$$

将媒体报道的数量与倾向性同时作为解释变量构成下列模型，研究在同时考虑媒体报道数量与内容的情况下，媒体报道对环境信息披露水平的影响：

$$EID(EID\_line, EID\_quality, EID\_sig, EID\_amount, EID\_time) = \alpha_0 + \alpha_1 Size + \alpha_2 ROE + \alpha_3 State + \alpha_4 Media\_amount + \alpha_5 Media\_trend + \varepsilon \quad (5-5)$$

为研究政府监管对企业环境信息披露水平的影响，本章在基本分析模型（5-2）的基础上加入政府监管的变量，构建下列模型：

$$EID(EID\_line, EID\_quality, EID\_sig, EID\_amount, EID\_time) = \alpha_0 + \alpha_1 Size + \alpha_2 ROE + \alpha_3 State + \alpha_4 Gov + \varepsilon \quad (5-6)$$

为对比分析媒体报道与政府监管对企业环境信息披露水平影响的差别，下列模型将媒体报道数量、媒体报道倾向性与政府监管均作为解释变量，研究在同时考虑媒体报道与政府监管的情况下，媒体报道与政府监管对环境信息披露水平的影响：

$$EID(EID\_line, EID\_quality, EID\_sig, EID\_amount, EID\_time)$$

$$= \alpha_0 + \alpha_1 Size + \alpha_2 ROE + \alpha_3 State + \alpha_4 Media\_amount + \alpha_5 Media\_trend + \alpha_6 Gov + \varepsilon \quad (5-7)$$

为研究媒体报道和政府监管在对企业环境信息披露水平影响过程中的交互效应，本章在模型（5－7）的基础上，引入媒体报道和政府监管的交互项，构建下列模型：

$$EID(EID\_line, EID\_quality, EID\_sig, EID\_amount, EID\_time)$$
$$= \alpha_0 + \alpha_1 Size + \alpha_2 ROE + \alpha_3 State + \alpha_4 Media\_amount + \alpha_5 Media\_trend + \alpha_6 Gov + \alpha_7 Media\_amount \times Gov + \alpha_8 Media\_trend \times Gov + \varepsilon \quad (5-8)$$

5.4 实证结果与分析

5.4.1 描述性统计

经统计，本章研究中 2016 年有关环境表现的报道共 971 篇。根据表 5－5，负面报道的数量在报道总数量中的比重超过 50%。就平均值而言，负面报道的平均值最大，中性报道的平均值最小。由此，本章认为媒体对公司环境表现的报道更趋向于负面新闻，最不愿意报道中性新闻，从最大值上也验证了这一点。报道总数的标准差较大，说明样本公司环境报道数量存在较为显著的个体差异，其中，负面报道数量的标准差最大，说明样本公司负面环境报道数量的个体差异较正面报道与中性报道更大。

表 5－5　　媒体对企业环境表现的报道情况

变量	最低值	最高值	总数	均值	标准差
报道总数	1	63	971	3.083	4.653
正面报道	0	22	280	0.889	1.750

续表

变量	最低值	最高值	总数	均值	标准差
负面报道	0	39	506	1.606	2.746
中性报道	0	6	185	0.587	0.997

表 5-6 为本章变量的描述性统计结果。环境信息披露水平（*EID*）的极大值为 116、极小值为 13；标准差为 16.848，说明环境信息披露水平的个体差异较大；均值为 47.241，中位数为 46.000，说明超过一半企业未达到环境信息披露的平均水平。其中，环境信息披露数量（*EID_line*）的标准差明显大于环境信息披露质量（*EID_quality*）的标准差，说明样本公司环境信息披露数量的差异明显大于披露质量的差异，从侧面说明披露数量多并不一定意味着质量高。在环境信息披露质量的三个方面，标准差相差不大，环境信息披露质量量化性的标准差略大，说明样本公司在这三方面的差异较小；显著性与量化性的均值显著低于时间性，说明企业在环境信息披露的时间性方面相对做得较好。媒体报道倾向性的极小值为 -1，极大值为 1，在该情况下，标准差为 0.631，显示了较大的个体差异，均值为 -0.479，该值与 1 相比更接近 -1，说明大部分企业受到的负面舆论压力较大。同时，媒体报道数量的标准差明显大于媒体报道倾向性，也印证了媒体更倾向于报道负面新闻的结论。政府监管的极小值为 32.760、极大值为 75.700，标准差较大，说明样本公司所在地分布较广，且地区之间的监管力度差异较大。此外，股权性质均值为 0.502，表明国有企业在样本中占比接近 1/2。

表 5-6　　　　描述性统计

变量	样本量	极小值	中位数	极大值	均值	标准差
EID	315	13.000	46.000	116.000	47.241	16.848
EID_line	315	1.000	17.000	87.000	21.851	14.765
EID_quality	315	4.000	26.000	42.000	25.390	9.066

续表

变量	样本量	极小值	中位数	极大值	均值	标准差
EID_sig	315	1.000	6.000	14.000	7.533	4.266
EID_amount	315	1.000	7.000	17.000	7.889	4.678
EID_time	315	1.000	10.000	18.000	9.968	4.237
Media_amount	315	1.000	2.000	63.000	3.083	4.653
Media_trend	315	-1.000	-1.000	1.000	-0.479	0.631
Gov	315	32.760	61.333	75.700	56.887	12.219
Size	315	4.338	5.856	8.380	5.954	0.611
ROE	315	-2.402	0.057	0.389	0.033	0.251
State	315	0.000	1.000	1.000	0.502	0.501

5.4.2 相关性分析

表5-7显示了模型中各个变量之间的相关性分析结果。从表5-7可以看出，总体环境信息披露水平（*EID*）与媒体报道数量（*Media_amount*）、媒体报道倾向性（*Media_trend*）在0.01水平上显著相关，但与政府监管（*Gov*）没有显著的相关性。相似地，总体环境信息披露水平（*EID*）的两个细分项，即环境信息披露数量（*EID_line*）和环境信息披露质量（*EID_quality*），与媒体报道数量（*Media_amount*）、媒体报道倾向性（*Media_trend*）均呈现显著相关，但不同的是，环境信息披露质量（*EID_quality*）与媒体报道数量（*Media_amount*）之间呈现负相关。环境信息披露质量的三个细分变量，即显著性、量化性与时间性，均与媒体报道倾向性（*Media_trend*）在0.01水平上显著负相关，而与媒体报道数量（*Media_amount*）则不具有显著相关性，但均为负相关，同时，环境信息披露显著性（*EID_sig*）、环境信息披露时间性（*EID_time*）与政府监管（*Gov*）均在0.05水平上显著相关。根据相关系数，初步判断不存在严重的多重共线性，并采用Z-Score对数据进行标准化处理。

表5-7 相关性分析

	EID	EID_line	EID_quality	EID_sig	EID_amount	EID_time	Media_amount	Media_trend	Gov	Size	ROE	State
EID	1											
EID_line	0.844 **	1										
EID_quality	0.485 **	-0.061	1									
EID_sig	0.425 **	-0.010	0.806 **	1								
EID_amount	0.481 **	0.019	0.863 **	0.782 **	1							
EID_time	0.078	-0.141 *	0.375 **	-0.145 **	-0.046	1						
Media_amount	0.157 **	0.247 **	-0.111 *	-0.031	-0.099	-0.097	1					
Media_trend	-0.394 **	-0.158 **	-0.475 **	-0.363 **	-0.414 **	-0.193 **	0.169 **	1				
Gov	0.025	0.020	0.013	0.114 *	0.039	-0.131 *	0.043	0.048	1			
Size	0.031	0.116 *	-0.133 *	-0.032	-0.121 *	-0.119 *	0.342 **	0.155 **	0.002	1		
ROE	0.000	0.015	-0.024	-0.021	-0.030	0.003	-0.134 *	0.012	0.133 *	0.074	1	
State	-0.005	0.077	-0.134 *	-0.063	-0.100	-0.113 *	0.182 **	0.093	-0.105	0.338 **	-0.151 **	1

注：** 表示在0.01水平（双侧）上显著相关；* 表示在0.05水平（双侧）上显著相关。

5.4.3 回归分析

（1）媒体报道数量对企业环境信息披露的影响

利用模型（5－2），以媒体报道数量（*Media_amount*）为解释变量，以企业环境信息披露水平（*EID*）、环境信息披露数量（*EID_line*）、环境信息披露质量（*EID_quality*）及其三个细分指标，即环境信息披露显著性（*EID_sig*）、环境信息披露量化性（*EID_amount*）和环境信息披露时间性（*EID_time*）为因变量进行回归分析，回归结果见表5－8。

表5－8 媒体报道数量与环境信息披露的回归分析

变量	*EID*	*EID_line*	*EID_quality*	*EID_sig*	*EID_amount*	*EID_time*
Media_amount	0.172*** (2.833)	0.269*** (4.576)	－0.015 (－0.281)	0.015 (0.269)	－0.018 (－0.328)	－0.028 (－0.463)
Size	－0.021 (－0.332)	0.039 (0.631)	－0.026 (－0.462)	0.035 (0.591)	－0.033 (－0.564)	－0.055 (－0.879)
ROE	0.021 (0.364)	0.055 (0.985)	－0.034 (－0.664)	－0.040 (－0.723)	－0.040 (－0.741)	0.010 (0.175)
State	－0.051 (－0.420)	－0.090 (0.770)	－0.162 (－1.497)	－0.070 (－0.614)	－0.095 (－0.846)	－0.172 (－1.435)
R^2	0.026	0.109	0.236	0.152	0.182	0.068
Adj R^2	0.014	0.092	0.222	0.135	0.166	0.050
F statistic	2.102	6.305	15.899	9.202	11.392	3.752

注：*、**、***分别代表在10%、5%、1%水平上显著，括号内的数字为t统计值。

根据表5－8可以看到，媒体报道数量与总体环境信息披露水平在1%水平上显著正相关，与环境信息披露数量之间亦如此。媒体报道数量与环境信息披露质量的OLS回归结果显示，两者呈现负相关但不显著。这说明媒体报道数量越大，公司环境信息披露的内容越多，质量却越差，但对质量的影响不显著。媒体报道数量对环境信息披露显著性、量化性、时间性的影响均未能通过t检验，说明无论从哪个方面来看，媒体报道数量对环境信息披露质量均无显著影响。由回归系数可知，随着媒体报道数量的增加，企业更愿意在年报的财务部分披露环境信息，但更不愿意披露数量化、货币化的信息与有关未来的信息，从而导致整体披露质量的下降。

（2）媒体报道倾向性对企业环境信息披露的影响

利用模型（5－3），即将解释变量由媒体报道数量替换为媒体报道倾向性进行回归。从表5－9中可以看到，媒体报道倾向性对所有环境信息披露指标都在1%水平上呈现显著负相关，说明媒体报道越负面，企业环境信息披露在数量与质量上都会得到改善，从而使得环境信息披露水平越高，这与沈洪涛和冯杰（2012）的研究结果一致。从回归系数大小来看，媒体报道倾向性对环境信息披露质量的影响最大。

表5－9　　媒体报道倾向性与环境信息披露的回归分析

变量	*EID*	*EID_line*	*EID_quality*	*EID_sig*	*EID_amount*	*EID_time*
Media_trend	−0.408*** (−7.760)	−0.182*** (−3.248)	−0.462*** (−9.178)	−0.365*** (−6.812)	−0.403*** (−7.727)	−0.176*** (−3.136)
Size	0.093* (1.664)	0.125** (−2.092)	−0.030 (−0.567)	0.043 (0.747)	−0.038 (−0.680)	−0.066 (−1.109)
ROE	−0.001 (−0.026)	0.016 (0.280)	−0.028 (−0.561)	−0.027 (−0.493)	−0.030 (−0.571)	−0.001 (−0.016)
State	0.003 (0.027)	0.108 (0.897)	−0.169 (−1.578)	−0.095 (−0.832)	−0.108 (−0.971)	−0.148 (−1.233)
R^2	0.164	0.048	0.235	0.135	0.178	0.050
Adj R^2	0.153	0.035	0.225	0.123	0.167	0.038
F statistic	15.165	3.887	23.855	12.045	16.777	4.092

注：*、**、*** 分别代表在10%、5%、1%水平上显著，括号内的数字为t统计值。

（3）媒体报道数量与媒体报道倾向性的关系

利用模型（5－4），将媒体报道数量与媒体报道倾向性均作为解释变量进行回归。根据表5－10的回归结果，媒体报道数量与环境信息披露质量由模型（5－2）中的负相关转变为正相关，但仍不显著。媒体报道倾向性对环境信息披露所有指标仍然均呈现显著负相关。根据回归系数判断，环境信息披露数量受媒体报道数量影响更大，环境信息披露水平则受媒体报道倾向性影响更大。因此，媒体报道越多，企业环境信息披露数量越多；媒体报道越负面，企业环境信息披露质量越高。

表5－10　媒体报道数量、媒体报道倾向性与环境信息披露的回归分析

变量	*EID*	*EID_line*	*EID_quality*	*EID_sig*	*EID_amount*	*EID_time*
Media_amount	0.230*** (4.161)	0.270*** (4.613)	－0.013 (－0.239)	0.025 (0.433)	－0.014 (－0.251)	－0.037 (－0.618)
Media_trend	－0.435*** (－8.418)	－0.214*** (－3.902)	－0.460*** (－9.062)	－0.368*** (－6.804)	－0.402*** (－7.623)	－0.172*** (－3.031)
Size	0.020 (0.340)	0.038 (0.631)	－0.026 (－0.465)	0.035 (0.576)	－0.033 (－0.568)	－0.054 (－0.863)
ROE	0.034 (0.647)	0.057 (1.032)	－0.030 (－0.591)	－0.023 (－0.415)	－0.032 (－0.604)	－0.007 (－0.116)
State	－0.015 (－0.135)	0.087 (0.745)	－0.168 (－1.566)	－0.097 (－0.847)	－0.107 (－0.959)	－0.145 (－1.207)
R^2	0.208	0.109	0.236	0.135	0.178	0.051
Adj R^2	0.195	0.095	0.223	0.121	0.165	0.036
F statistic	16.234	7.570	19.037	9.648	13.394	3.343

注：*、**、*** 分别代表在10%、5%、1%水平上显著，括号内的数字为t统计值。

（4）政府监管对企业环境信息披露的影响

利用模型（5－5），以政府监管（*Gov*）为解释变量进行回归，回归结果见表5-11。结果显示，无论在披露数量还是质量上，政府监管与企业环境信息披露均呈并不显著的正相关。对于环境信息披露质量的三个细分指标，环境信息披露显著性与时间性分别在5%水平上与政府监管分别呈现显著正相关、显著负相关。说明政府监管有利于企业在年报财务部分的环境信息披露，但会减少企业对未来相关环境信息的披露。

表5-11　　政府监管与环境信息披露的回归分析

变量	*EID*	*EID_line*	*EID_quality*	*EID_sig*	*EID_amount*	*EID_time*
Gov	0.024 (0.417)	0.024 (0.413)	0.006 (0.108)	0.114 ** (1.992)	0.037 (0.656)	-0.143 ** (-2.528)
Size	0.036 (0.597)	0.100 (1.646)	-0.095 (-1.574)	-0.011 (-0.178)	-0.095 (-1.570)	-0.087 (-1.457)
ROE	-0.008 (-0.135)	0.011 (0.198)	-0.033 (-0.579)	-0.043 (-0.745)	-0.038 (-0.659)	0.014 (0.246)
State	-0.031 (-0.252)	0.095 (0.776)	-0.212 * (-1.745)	-0.108 (-0.881)	-0.139 (-1.141)	-0.192 (-1.589)
R^2	0.002	0.016	0.028	0.018	0.021	0.040
Adj R^2	-0.011	0.003	0.015	0.005	0.008	0.027
F statistic	0.137	1.251	2.202	1.383	1.662	3.213

注：*、**、*** 分别代表在10%、5%、1%水平上显著，括号内的数字为t统计值。

（5）政府监管对企业环境信息披露的影响

在模型（5-4）的基础上，将政府监管（*Gov*）同时作为解释变量纳入模型中，利用模型（5-6），得到表5-12所示的回归结果。从中可以看到，媒体报道数量对环境信息披露水平与环境信息披露数量在1%水平上显著正相关，媒体报道倾向性对所有环境信息披露指标均呈现1%水平上显著负相关，政府监管对环境信息披露显著性与时间性分别呈现5%水平上显著正相关、负相关，说明在媒体报道方面，负面报道对环境信息披露各个方面均有促进作用，而报道数量虽然对环境信息披露总体水平产生积极影响，但仅影响披露数量不影响披露质量，加强政府监管对环境信息披露水平的提高无显著促进作用，包括披露数量与质量的提高。

表 5－12　　媒体报道与政府监管的关系分析

变量	*EID*	*EID_line*	*EID_quality*	*EID_sig*	*EID_amount*	*EID_time*
Media_amount	0.227 *** (4.107)	0.269 *** (4.576)	－0.015 (－0.281)	0.015 (0.269)	－0.018 (－0.328)	－0.028 (－0.463)
Media_trend	－0.437 *** (－8.429)	－0.215 *** (－3.906)	－0.462 *** (－9.072)	－0.374 *** (－6.965)	－0.404 *** (－7.671)	－0.166 *** (－2.945)
Gov	0.032 (0.614)	0.017 (0.304)	0.032 (0.627)	0.132 ** (2.482)	0.060 (1.147)	－0.132 ** (－2.356)
Size	0.020 (0342)	0.039 (0.631)	－0.026 (－0.462)	0.035 (0.591)	－0.033 (－0.564)	－0.055 (－0.879)
ROE	0.030 (1.565)	0.055 (0.985)	－0.034 (－0.664)	－0.040 (－0.723)	－0.040 (－0.741)	0.010 (0.175)
State	－0.008 (－0.076)	－0.090 (0.770)	－0.162 (－1.497)	－0.070 (－0.614)	－0.095 (－0.846)	－0.172 (－1.435)
R^2	0.209	0.109	0.236	0.152	0.182	0.068
Adj R^2	0.194	0.092	0.222	0.135	0.166	0.050
F statistic	13.564	6.305	15.899	9.202	11.392	3.752

注：*、**、*** 分别代表在 10%、5%、1% 水平上显著，括号内的数字为 t 统计值。

（6）媒体报道与政府监管的交互作用

为进一步发现媒体报道与政府监管的更深层次的关系，根据模型（5－7），除了将媒体报道数量（*Media_amount*）、媒体报道倾向性（*Media_trend*）与政府监管（*Gov*）同时作为解释变量外，本次回归还引入媒体报道数量与政府监管的交互项（*Media_amount* ×

Gov)、媒体报道倾向性与政府监管的交互项（*Media_trend* × *Gov*），回归结果如表 5－13 所示。从中可以看到，媒体报道数量与政府监管的交互项和环境信息披露水平、环境信息披露数量在 5% 水平上显著，回归系数为负，而媒体报道倾向性与政府监管的交互项和环境信息披露相关变量均不显著。这说明政府监管弱化了媒体报道数量对企业环境信息披露水平与披露数量的促进作用。

表 5－13　　媒体报道与政府监管的交互效应分析

变量	*EID*	*EID_line*	*EID_quality*	*EID_sig*	*EID_amount*	*EID_time*
Media_amount	0.310 *** (4.652)	0.351 *** (4.956)	0.005 (0.073)	0.069 (0.996)	−0.010 (−0.140)	−0.049 (−0.669)
Media_trend	−0.449 *** (−8.657)	−0.225 *** (−4.089)	−0.468 *** (−9.130)	−0.383 *** (−7.095)	−0.408 *** (−7.670)	−0.166 *** (−2.921)
Gov	0.033 (0.639)	0.019 (0.352)	0.030 (0.586)	0.132 ** (2.479)	0.059 (1.115)	−0.134 ** (−2.398)
Media_amount × *Gov*	−0.108 ** (−2.213)	−0.106 ** (−2.053)	−0.027 (−0.570)	−0.070 (−1.385)	−0.013 (−0.251)	0.026 (0.485)
Media_trend × *Gov*	0.032 (0.629)	−0.003 (−0.061)	0.065 (1.291)	0.042 (0.796)	0.043 (0.825)	0.049 (0.879)
Size	0.028 (0.479)	0.048 (0.784)	−0.027 (−0.471)	0.039 (0.658)	−0.034 (−0.577)	−0.059 (−0.946)
ROE	0.048 (0.910)	0.073 (1.291)	−0.029 (−0.549)	−0.027 (−0.490)	−0.037 (−0.680)	0.006 (0.111)
State	−0.022 (−0.201)	0.073 (0.622)	−0.159 (−1.467)	−0.077 (−0.670)	−0.092 (−0.818)	−0.162 (−1.350)
R^2	0.222	0.122	0.241	0.158	0.183	0.072
Adj R^2	0.201	0.099	0.221	0.136	0.162	0.047
F statistic	10.893	5.313	12.141	7.188	8.595	2.955

注：*、**、*** 分别代表在 10%、5%、1% 水平上显著，括号内的数字为 t 统计值。

在生态文明建设进程中，政府对环境问题愈发重视。近年来，我国逐步出台了与环境信息披露相关的法律法规，自2007年的《环境信息公开办法（试行）》至2015年的《企业事业单位环境信息公开办法》，可以看到政府对企业环境信息披露的切实推动。与此同时，关注环境问题的民间非营利组织的蓬勃发展与社会大众对环境问题的高度关注，推动了政府加强企业环境信息的监管和评价。在政府对环境信息公开监管力度不断加强的背景下，一方面，部分企业会为避免受到违规处罚而改善其环境行为，媒体获得能够赢取高度社会关注的报道机会减少，预计付出的成本增加，从而降低对企业的关注；另一方面，部分企业为使自身利益最大化愿意承担环境违规风险，媒体为追寻自身利益，可能利用新闻报道权产生寻租行为，从而与企业合谋导致关注度下降。由此，政府监管使得媒体报道对企业环境信息披露的影响被削弱。

5.5 本章小结

本章基于政治学的合法性理论与传播学的议程设置理论，结合关注理论与信号传递理论，选取沪深证券市场八大重污染行业的A股企业为研究对象，通过改进的内容分析法对315家上市公司年报中环境信息披露状况、媒体的环境相关报道以及各地政府对当地企业的环境信息的监管之间的关系进行实证分析。本章的创新点在于，相对于现有的研究，本章在传统纸媒的基础上引入了新媒体。研究结论如下：

第一，随着新媒体的加入，媒体对于环境信息的披露量得到了显著提升。在沈洪涛和冯杰（2012）对2008—2009年媒体报道的研究报告中，媒体报道以正面报道为主，鲜有上市企业的负面新闻。而到了2016年，正面报道的数量远不及负面报道。这意味着中国的媒体与公众更加愿意正视环境问题，更加愿意参与公众实务，也更加在乎自己的公民性。

第二，媒体报道能够显著促进企业总体环境信息披露水平的提高，媒体报道数量越多，企业环境信息披露的内容越多，但并不能提高披露的质量；媒体报道的倾向性能够显著影响环境信息披露质量，媒体的负面报道会在更大程度上提高企业的环境信息披露水平。

第三，地方政府对环境信息公开的监管力度对企业总体环境信息披露水平的影响并不显著。加强政府监管，能够促使企业加强企业环境信息披露的显著性，但也会削弱企业环境信息披露的时间性。

第四，随着地方政府对企业环境信息公开监管力度的加大，媒体对于企业的关注度随之下降，从而导致媒体报道数量对企业总体环境信息披露水平与环境信息披露数量的促进作用被削弱。这可能是随着近年来生态环境保护法制化进程的大力推进，环境制度约束相对舆论监督，在企业信息披露过程中发挥越来越重要的作用。

本章中未涉及传统纸媒和网络新媒体对企业环境信息披露的独立影响情况、网络媒体对其的影响路径、影响方式以及信息披露对网络媒体报道的信息反馈等，这一系列问题将是未来该领域的重要研究方向。

第 6 章 网络关注对企业环境信息披露行为的影响研究

6.1 问题提出

社会各界对环境问题的关注给企业带来了较强的舆论压力。2018 年，央视财经频道《经济半小时》栏目报道了山西三维集团严重的环境污染问题，引起了社会的广泛关注与热烈讨论。山西三维集团作为一家大型国有上市公司，不仅早在 2004 年通过 ISO14001 环境管理体系认证，而且曾多次获得“山西省优秀企业”“全国五一劳动奖状”等荣誉。然而，尽管在 2014 年山西三维集团就被查处过环境污染问题，但是直到 2018 年，央视揭露带来了巨大舆论压力，才引起政府部门的高度重视。2019 年，江苏响水特别重大爆炸事件的报道第一时间出现在社交媒体上，并迅速引起全国人民的高度关注。紧接着，政府部门通过官方微博公布事件进展，主流媒体同步更新有关动态。可见，传统媒体和网络媒体在如今的信息时代扮演着越来越重要的角色，媒体的舆论影响力不容小觑。

然而，随着网络媒体的发展，中国传统报业正面临前所未有的挑战。根据中国广电总局各年度《全国新闻出版业基本情况》，2012—2017 年，中国出版报纸种类由 1918 种缩减为 1884 种，总印数由 482. 26 亿份缩减至 362. 50 亿份，总印张由 2211. 00 亿印张缩减至1076.24亿印张，降幅分别为1.77%、24.83%、51.32%。根据尼尔森网联AIS全媒体广告监测，中国广告市场2017年1—11月报纸媒体广告花费同比下降29%。可见，网络媒体对传统纸媒造成了巨大的冲击。事实上，随着20余年来中国互联网的不断发展，网络媒体不仅成为除报纸、广播和电视之外的第四大独立性媒体，也逐渐从边缘媒体发展成为主流媒体。根据中国互联网信息中心第43次统计，截至2018年12月31日，中国网民规模达到8.29亿人，普及率达到59.6%，且除即时通信外，搜索引擎与网络新闻应用拥有最大的用户规模。

基于传统媒体的研究表明，社会大众对企业社会责任履行的关注度越高，企业信息披露的意愿也越高，其目的在于与利益相关者形成有效沟通、帮助企业树立良好的形象，从而获取竞争优势（Deegan和Rankin，1996）。以纸媒为代表的研究表明，媒体对企业关注度的提高能够有效改善社会责任披露质量、增加环保和其他方面的社会责任投入（Deegan等，2000；Lindgreen等，2008；Reverte，2009）。对于重污染行业的企业而言，环境责任在社会责任中显得尤为重要。尽管企业的正面媒体报道居多，但是负面报道倾向性能有效改善企业环境信息披露（沈洪涛和冯杰，2012）。此外，负面和深度媒体报道越多，企业积极履行环境责任的水平越高（王翊和许晓卉，2018）。那么，在互联网环境中的媒体是否也能发挥相同的作用？

根据传播学经典的议程设置理论，媒介议程显著影响公众议程（McCombs和Carroll，2003）。也就是说，媒体报道能够影响公众的关注次序和关注度。在互联网环境下，信息生产者与信息消费者身份有所融合，“人人皆媒体”的新闻生产模式造成信息爆炸式增长。在海量的信息中，社会公众对信息的注意力显得尤为重要。那么，媒体报道对企业行为产生影响是否基于媒体报道受众的注意力？本章拟对上述问题展开研究。

6.2 相关研究现状

6.2.1 媒体关注与企业环境信息披露

综合法律、政府、媒体和市场压力构建外部治理指标发现，良好的外部治理能够显著改善企业环境信息披露（叶陈刚等，2015）。作为重要的外部治理力量，媒体在政府监管不足时能够发挥与之相似的治理作用（Dyck 等，2008；郑志刚，2007）。媒体有助于企业和社会公众的沟通，能够通过舆论的力量对企业施加压力，构成企业的合法性压力来源（Suchman，1995）。Li 等（2017）指出，媒体报道是除政府监管外对企业环境信息披露影响最大的因素。为应对环境报道的压力，公司管理层会调整环境信息披露内容，使得企业满足合规性要求（Rupley 等，2012）。

众多学者认为，媒体大量报道企业环境问题有助于企业公开更多的环境信息。Brown 和 Deegan（1998）以澳大利亚为背景，并区分不同行业的媒体关注度，发现媒体对某一行业环境问题的关注度越高，该行业内企业越倾向于披露环境信息。Bewley 和 Li（2000）以加拿大公司为研究样本发现，企业环境问题报道的增加将导致企业披露更多的概括性环境信息。Rupley 等（2012）通过对美国 127 家公司的实证研究发现，企业自愿性环境信息披露内容随着环境报道的增加而增加。Aerts 和 Cormier（2009）采用美国和加拿大公司的样本，研究结果显示，媒体报道给公司造成的压力迫使其增加环境信息披露内容。郑春美和向淳（2013）以中国为研究背景，同样发现媒体报道数量与环境信息披露质量显著正相关。黄溶冰等（2019）发现，媒体能够有效发挥监督作用，遏制企业出于融资目的的“漂绿”行为。但有学者指出，媒体监督力度过大将导致政府监管的促进作用被削弱（张凯泽等，2019）。

媒体监督有利于企业改善环境信息披露质量，负面的媒体报道能够发挥更好的效果（Rupley 等，2012）。企业为防止声誉受损，往往会实施策略性行为以应对负面报道。因此，负面的媒体报道能够鞭策企业披露更多的正面环境信息（Brown 和 Deegan，1998）和不容易证实的环境信息（Clarkson 等，2008）。我国学者采用 J－F 系数对报纸媒体报道的倾向性进行测量，研究结果显示，媒体报道越为负面，企业环境信息披露质量越高（沈洪涛和冯杰，2012；任月君和郝泽露，2015）。

由于互联网的兴起与新媒体的产生，媒体数量不断增加，导致人们对媒体的信任程度降低，因此，有学者认为媒体报道不会引起企业的回应。Brammer 和 Pavelin（2008）从五个维度对环境信息披露水平进行测度，发现仅有环境改良这一维度受到媒体报道的显著影响，因此认为媒体关注对环境信息披露的促进作用不大。Moroney 等（2012）则发现，正面的媒体报道并不能增加企业环境信息披露的内容。

6.2.2　投资者关注与企业环境信息披露

有限注意力理论逐步被应用于公司治理的相关研究。有学者指出，投资者关注具有一定的选择性（Peng 和 Xiong，2006；Hirshleifer 等，2009），在公开信息中，突出的信息更容易引起投资者注意。因此，公司可能利用投资者的有限关注，调整披露的财务或非财务信息，从而诱导外部投资者的感知（Hirshleifer 和 Teoh，2003）。此外，管理层也会通过择机披露盈余公告使公司受益。如果公司即将公告好消息，那么管理层会选择在投资者关注度较高时披露。反之，如果即将公告坏消息，管理层则会倾向于在投资者注意力分散时披露，从而减少投资者的即时反应（权小锋和吴世农，2010；Dehaan 等，2015）。

在公司的信息披露中，投资者关注的不仅是财务绩效，还十分重视企业的社会绩效和环境表现。Kim 和 Verrecchia（1994）指出，投资者希望企业披露环境信息，且这种愿望越发强烈。李姝和肖秋萍（2012）认为，企业的社会责任贡献值越高，越容易获得投资者的关注，进而影响其投资决策。Nor 等（2016）通过对马来西亚公司的研究发现，环境信息披露是企业吸引投资者关注的重要手段。唐国平和李龙会（2011）认为，企业公开环境信息会释放一种积极信号，公开的信息质量越好，投资者信心越强。黎文靖和路晓燕（2015）聚焦于重污染行业发现，当投资者意图长期持有公司股票，则会关注公司的环境绩效。杜建国等（2017）采用博弈模型模拟投资者行为与企业环境信息披露决策发现了两种稳定策略，即当投资者购买股票，企业倾向于公开环境信息，反之，则不愿意披露。马海超和周若馨（2017）以环境事故为切入点研究发现，相较于环境事故和环境政策，我国股市投资者对环境信息披露最为敏感。也就是说，作为履行社会责任的一种形式，企业是否公开环境信息会影响投资者的投资行为，投资者关注能够促使企业完善环境信息披露。

6.2.3 研究评述

通过上述梳理可以发现，媒体和投资者是企业重要的外部压力来源，他们对企业的关注不仅能够直接影响企业在资本市场的表现，也将影响企业环境信息披露行为。总结现有的研究成果可以看到，媒体关注与投资者关注对企业环境信息披露的影响研究还需要进一步分析和探讨：

第一，媒体关注对企业环境信息披露的影响研究主要基于传统报纸媒体展开，缺乏从网络媒体角度进行探讨。随着互联网的快速普及与发展，网络媒体迅速崛起，逐渐成为我国的大众传媒。较之传统报纸媒体，网络媒体表现出更好的及时性、互动性等优势。我国互联网信息中心的统计结果显示，除即时通信外，搜索引擎与网络新闻应用拥有最大的用户规模。但是，现有研究仍然主要基于纸媒体展开，而未能从网络媒体的角度进行探讨。

第二，投资者关注对环境信息披露的影响研究较少。随着我国政府对环保投入的增加和社会大众环保意识的提高，投资者越发关注企业的环境问题。投资者作为企业的利益相关者，可以通过投资行为对企业在资本市场上的表现产生直接影响。现有研究证明，投资者关注度的高低将影响企业信息披露的时机。但是，现有文献缺乏投资者关注对企业环境信息披露是否具有积极意义的探讨。

第三，媒体关注对企业环境信息披露的作用机制有待分析，同时，媒体关注与投资者关注的互动关系有待明晰。现有文献中存在以媒体报道作为投资者关注的替代变量的情况。可见，媒体报道和投资者关注之间存在一定的内在联系。在近期对资本市场的研究中，有学者提出应对媒体关注和投资者关注进行区分，认为两者具有关联但并不等价。目前，尚未有研究探讨媒体关注和投资者关注之间的联系如何影响企业环境信息披露，值得进一步的探讨。

6.3　理论分析与研究假设

6.3.1　理论基础

（1）利益相关者理论

1963 年，斯坦福大学学者正式提出了“利益相关者”的概念。管理者不仅仅为股东服务，而是要协调包括政府、供应商、债权人、社会公众、企业员工等在内的利益相关者之间的利益关系。Freeman

(1984) 从与企业的关系角度划分利益相关者的类型：①拥有所有权的利益相关者，即各个股东。②基于经济活动的利益相关者，包括上游供应商、下游消费者、债权人、竞争对手、内部员工与经理人等。③基于社会利益的利益相关者，主要包括政府部门与媒体等。企业的生产经营活动无法完全规避环境问题，尤其是重污染行业企业，而环境与每个利益相关者都有密切的联系。例如，政府关注企业环保是否合规，消费者关注产品是否达到绿色环保的要求，投资者关注企业的环境绩效。由此，企业的环境行为将受到一定的约束。并且，为了满足利益相关者知情权的需要，企业将披露更多的环境信息。

（2）合法性理论

合法性理论最早被应用于政治学领域。因此，合法性最早被认为是“政治合法性”。随着该理论被用于组织行为学研究，“组织合法性”逐渐衍生出来。所谓“合法”，并非特指法律，而是包括法律在内的一切合理性规范，比如价值观和道德观。企业既要得到员工、经理人等内部利益相关者的认同，也要得到政府、媒体、社会大众等外部利益相关者的认同。随着我国政府对生态环境的越发重视和公众环保意识的不断提高，社会对企业的环保要求发生了改变，希望企业在发展过程中重视环境保护。同时，随着权利意识的加强，利益相关者可以通过政府、媒体、工会、环境保护协会等途径对企业施加压力，促使其承担环境责任，进而获得公众对其合法性的认同。媒体关注一方面能使企业获得合法性，另一方面也能从根源引起企业的合法性危机。有利于企业的正面报道能为企业带来积极的评价，获得社会大众的认可。相反地，负面报道则会损害企业形象，使企业迫于舆论压力作出积极的响应。

（3）议程设置理论

议程设置理论是由美国学者麦克斯韦尔·麦库姆斯（Maxwell McCombs）和唐纳德·肖（Donald Shaw）于 1968 年提出的传播学

经典理论。两位学者认为，媒体议程影响公众议程，或者说媒体所提示的重要议题也会被公众当作重要议题来看待。之后，麦库姆斯通过深入挖掘提出了第二个层面的议程设置——属性议程设置。他认为，媒体不仅能改变受众对议题的关注度，还能够通过强调或忽视某些议题的属性影响受众对议题的具体看法。近几年，网络议程设置作为议程设置的第三个层面也被提出，即媒体能够告诉人们如何将信息联系在一起，通过提示新闻客体和属性之间的联系来影响公众认知。媒体报道数量越多，大众对被报道事件的关注度越高（Funkhouser，1973；Holmes，2009）。其中，议程设置效果在公众无法直接体验的议题（Zucker，1978）和容易理解的具体议题（Yagade 和 Dozier，1990）中更为明显。同时，公众的需求导向也将影响议程设置的效果（Mccombs 和 Shaw，1972）。当公众已掌握信息的不确定性越高，与该信息相关的媒体报道议程设置效果越好；当媒体报道与公众自身相关性越高，议程设置的效果也越好。因此，媒体报道可以影响个人投资者的注意力，改变对不同事件的关注度。媒体报道的频率越高、数量越多，对投资者的议程设置效果越好。

（4）有限注意力理论

有限注意力最早是来源于心理学，后逐渐被用于行为经济学和行为金融学领域。Simon（1971）指出，海量的信息环境使得人们的注意力变得尤为匮乏，大众是信息的消费者，需要在大量的信息中有效分配注意力。因此，注意力成为一种比信息本身更具有价值的资源。Kahneman（1973）认为人们的注意力是有限的，对某一事物给予高关注度时必然是以牺牲对另一事物的关注度为代价的。一方面，基于选择性关注理论，有限注意力导致选择性关注，即人们由于注意力的局限，将优先处理关注度高的信息而忽略低关注度的信息。另一方面，基于认知资源理论，认知资源是有限的，人们识别和分析信息将导致认知资源的消耗，信息的复杂程度不同导致认知资源的消耗不同。因此，当主体关注多种信息时，信息之间会产生竞争。由于刺激程度的不同，认知资源将被优先配置给刺激较大的信息。

6.3.2 研究假设

（1）媒体关注与企业环境信息披露

媒体关注是一种非正式制度，能够作为法律等正式制度外的替代机制发挥与之相似的作用，是企业重要的外部治理力量（Dyck等，2008；郑志刚，2007）。媒体具有收集、筛选、加工信息功能，是社会大众重要的信息来源渠道。因此，媒体有助于企业和社会公众的沟通，具有舆论引导作用。当媒体对企业进行负面报道，企业将面临来自各方利益相关者的压力。投资者可能改变投资决策，债权人可能提高贷款要求，消费者可能不再购买产品，竞争对手可能借机抢占市场，甚至引起监管部门的注意。这些消极影响最终将构成企业的合法性压力。有学者指出，媒体对环境污染问题的关注会使得企业加大环保投入（任月君和张凯华，2016），有助于环境信息披露政策的有效实施（方颖和郭俊杰，2018）。实证研究发现，财经类纸媒体对企业报道数量越多，企业更愿意披露社会责任信息（陶莹和董大勇，2013）。纸媒体对企业环境信息披露同样能够有效发挥监督作用（沈洪涛和冯杰，2012；郑春美和向淳，2013）。

随着移动互联网的出现，网络媒体表现出及时性、传播性、个性化、碎片化、交互化的新特点。黄河和刘琳琳（2014）指出，不同于传统媒体，网络媒体的主要传播者是网民，呈现的更多的是网民的“个人立场”而非“官方立场”。刘海龙和齐琪（2017）认为，网络媒体和传统媒体对企业社会责任履行都具有良好的作用效果，尤其是在信息披露和节能减排方面，但网络媒体较之传统媒体在媒体问责和负面报道中发挥了更为重要的作用。晁罡等

（2015）指出，网络媒体打破了时空的限制，拥有良好的互动功能，使得企业因社会责任缺失爆发声誉危机的可能性增大，但企业通过被动活动至主动承担的过程能重新获得公众的认可。可以看到，网络媒体不仅能够拉近企业与利益相关者之间的距离，也能更好地建立舆论监督机制，因此，基于互联网平台的媒体关注（以下简称媒体关注）将促进企业积极履行环境责任。基于上述分析，提出如下假设：

H1：媒体关注能够提高企业环境信息披露质量。

（2）投资者关注与企业环境信息披露

投资者同时具备公司股东和社会大众的双重身份。从社会大众角度来说，在经济社会不断发展的过程中，公众环保意识逐步上升，这使得公众在经济增长与环境保护的衡量取舍中已逐步倾向于后者（胡建国和裴豫，2019）。研究指出，社会公众对环境问题的关注有利于工业污染的减少（徐圆，2014；张橦，2018），公众环境诉求能够有效促进当地环境法规的实施（史亚东，2018）。在环境保护的驱动下，我国公众不仅越发关注环境问题，还采取了更加积极的私人环保行为（王勇等，2018）。公众的环保意识会嵌入产品选择，为了获得消费者的信任，企业将公开更多的环境信息（王霞等，2013；任月君和郝泽露，2015）。从股东角度来说，杨涛和郭萌萌（2019）对 PM2.5 概念股市场进行研究发现，投资者对雾霾问题和相关股票的关注度越高，公司股价越容易被拉升。投资者越来越希望企业披露环境信息（Kim 和 Verrecchia，1994）。披露行为是企业释放的一种积极信号，能够增强投资者信心（唐国平和李龙会，2011）。当投资者重视公司价值，有意长期持有公司股票，则会关注公司的环境绩效（黎文靖和路晓燕，2015）。

根据有限注意力理论，投资者关注对企业来说是一种稀缺资源。具体来说，投资者增加对某一企业的关注意味着对其他企业关注度的降低。因此，当公司获得投资者关注时，管理层考虑到投资者对企业的环保要求，为了让投资者能够持续看好公司发展，增加投资者信心，将会更加积极地履行环境责任，更加愿意披露环境信息。基于上述分析，提出如下假设：

H2：投资者关注能够提高企业环境信息披露质量。

（3）媒体关注、投资者关注与企业环境信息披露

根据议程设置理论，媒体报道能够改变公众的重要性排序、影响公众的想法。换言之，媒体报道数量越多，公众对被报道企业的关注度越高；媒体对企业的报道越负面，公众对企业的印象越差，反之亦然。随着网络媒体的产生和发展，国内外学者对网络媒体的议程设置效果进行了研究。Jeon（2004）研究了韩国三家报纸网站的首页新闻和网站 BBS 上网民的评论，发现这些报纸网站对网民议程有显著的设置功能，且新闻长度、新闻内链接和新闻的页面位置都能影响议程设置的效果。Lee（2005）以全球气候变暖为研究议题，发现网络媒体对议题属性的强调程度与网民对该议题的重视程度呈显著正相关。黄珺和李蕊（2019）基于新浪微博平台研究了我国网络媒体的议程设置效果，发现网络媒体对企业的报道能够有效提高社会公众对企业社会责任的关注度。其中，媒体报道与企业环境责任议题的相关性最高。因此，可以认为，网络媒体具有显著的议程设置功能。

Gorman 等（2010）指出，媒体治理作用是通过利益相关者对媒体报道作出反应实现的。基于有限注意力理论，媒体报道的发布如果没有得到社会大众的有效关注进而形成舆论，则无法对企业形成合法性压力。投资者兼具股东与社会公众的特性，媒体关注影响企业环境信息披露在一定程度上是通过引起投资者关注实现的。基于上述分析，提出如下假设：

H3：投资者关注在媒体关注对企业环境信息披露的影响中发挥了中介作用。

6.4 研究设计

6.4.1 样本选择与数据来源

(1) 样本选择

根据2018年中国证监会《上市公司行业分类指引》，中国上市公司被划分为19大门类，90个行业大类。中国环境保护部2010年发布的《上市公司环境信息披露指南》（征求意见稿）附则中指定16类行业为重污染行业。基于此，选取2013—2017年沪深A股中的电力、热力、燃气、水生产、供应业、制造业、采矿业等重污染行业的上市公司作为研究样本。为避免特殊样本影响实证结果，对原始样本公司进行如下筛选和剔除：①剔除无连续五年数据的样本公司；②剔除样本研究期间曾被ST、*ST处理的公司；③剔除媒体关注为零的样本。经过筛选，最终共获得1425组有效样本。

(2) 数据来源

环境信息披露数据源自上市公司公开披露的年度报告，通过上海证券交易所、深圳证券交易所、巨潮资讯网等渠道获取上市公司年度报告，并采用内容分析法进行人工整理。媒体关注数据来自中国研究数据服务平台（CNRDS），该平台由上海经禾信息技术有限公司开发，通过专业的大数据技术团队与财经专家开展深度合作，利用完善的底层数据和数据算法专注于财经大数据，提供具有中国特色的研究数据资源。投资者关注数据来自百度指数，该平台是一个公开的数据分享平台，依托于百度用户行为的底层数据。由于该平台数据无法直接下载，故通过手工收集的方式获得。其他控制变量数据均来自国泰安（CSMAR）数据库。研究过程中，对主要连续型变量在1%与99%分位数上进行了Winsorize处理。

6.4.2 变量选取与说明

（1）被解释变量：企业环境信息披露质量（*EID*）

根据已有文献（Cho和Patten，2007；Zeng等，2010；毕茜等，2012）对企业环境信息披露质量的评价方法，结合中国上市公司环境信息披露的具体特征，从软性指标和硬性指标两个方面，设置了10个具体披露项目类型，建立了环境信息披露质量评分准则。

（2）解释变量：媒体关注（*Media*）

现有研究大多采用传统报纸媒体的报道数量衡量媒体关注，或是搜索引擎中的搜索结果数量衡量网络媒体报道数量。原始数据来自中国研究数据服务平台（CNRDS）的中国上市公司财经新闻数据库（CFND）中网络财经新闻版块，以上市公司相关的年度网络财经新闻数量对媒体关注进行测度。相关报道的数量越多，媒体对公司的关注度越高。

（3）中介变量：投资者关注（*Investor*）

借鉴Da等（2011）、刘锋等（2014）的研究，采用百度指数中的搜索指数衡量投资者关注。根据样本企业的全称、简称、股票代码等在百度指数搜索栏进行搜索，获取该公司年度的搜索指数总量，并取对数作为投资者关注的替代变量。

（4）控制变量

借鉴Clarkson等（2008）、沈洪涛和冯杰（2012）、王霞等（2013）的研究，从公司特征、财务状况和公司治理等方面选取控制变量，数据来源于深圳国泰安数据库（CSMAR）。具体控制变量包括产权性质（*State*）、企业规模（*Size*）、财务杠杆（*Lev*）、盈利能力（*Roe*）、股权集中度（*Herfi5*）和是否四大审计（*Big4*）。变量定义方式如表6-1所示。

表6-1　　**变量定义**

变量名称	变量符号	变量定义
环境信息披露质量	*EID*	根据所示评价规则汇总的 I_1—I_{10} 项得分数
环境信息软披露质量	*EID_soft*	根据所示评价规则汇总的 I_1—I_3 项得分数
环境信息硬披露质量	*EID_hard*	根据所示评价规则汇总的 I_4—I_{10} 项得分数
媒体关注	*Media*	CNRDS 中网络财经新闻数量
投资者关注	*Investor*	百度指数中的样本企业的搜索指数的对数
产权性质	*State*	实际控制人性质为国有的赋值1，否则为0
企业规模	*Size*	企业总资产的自然对数
财务杠杆	*Lev*	总负债/总资产
盈利能力	*Roe*	净利润/平均股东权益
股权集中度	*Herfi5*	前五大股东持股比例的平方和
是否四大审计	*Big4*	是四大会计师事务所审计的取值为1，否则取值为0

6.4.3　实证模型构建

根据上述理论分析提出的研究假设、选取的样本和变量确定以下回归模型。

为分析媒体关注对上市公司环境信息披露质量的影响，以验证假设H1，构建如下模型（6-1）：

$$EID = \alpha_0 + \alpha_1 Media + \alpha_2 State + \alpha_3 Size + \alpha_4 Lev + \alpha_5 Roe + \alpha_6 Herfi5 + \alpha_7 Big4 + \varepsilon \quad (6-1)$$

为分析投资者关注对上市公司环境信息披露质量的影响，以验证假设H2，构建如下模型（6-2）：

$$EID = \alpha_0 + \alpha_1 Investor + \alpha_2 State + \alpha_3 Size + \alpha_4 Lev + \alpha_5 Roe + \alpha_6 Herfi5 + \alpha_7 Big4 + \varepsilon \quad (6-2)$$

为分析投资者关注在媒体关注影响上市公司环境信息披露质量

中起中介作用，以验证假设 H3，构建如下模型（6－3）和模型（6－4）：

$$Investor = \alpha_0 + \alpha_1 Media + \alpha_2 State + \alpha_3 Size + \alpha_4 Lev + \alpha_5 Roe + \alpha_6 Herfi5 + \alpha_7 Big4 + \varepsilon \quad (6-3)$$

$$EID = \alpha_0 + \alpha_1 Media + \alpha_2 Investor + \alpha_3 State + \alpha_4 Size + \alpha_5 Lev + \alpha_6 Roe + \alpha_7 Herfi5 + \alpha_8 Big4 + \varepsilon \quad (6-4)$$

6.5 实证结果与分析

6.5.1 描述性统计

本节对研究涉及的主要变量进行了分年度的描述性统计，对控制变量进行了全年度的描述性统计，结果如表 6－2 所示。其中，Panel A 是企业环境信息披露质量（*EID*）的统计结果；Panel B 是企业环境信息软披露质量（*EID_soft*）的统计结果；Panel C 是企业环境信息硬披露质量（*EID_hard*）的统计结果；Panel D 是其余变量的统计结果。

表 6－2　描述性统计

年份	样本量	平均值	标准差	最小值	中位数	最大值
Panel A：*EID*						
2013	285	5.909	3.483	0	6	16
2014	285	6.428	3.822	0	6	17
2015	285	7.895	4.772	0	7	19
2016	285	8.344	4.744	0	8	19
2017	285	9.568	4.943	0	10	19
合计	1425	7.629	4.581	0	7	19

续表

年份	样本量	平均值	标准差	最小值	中位数	最大值
Panel B：*EID_soft*						
2013	285	0. 747	0. 938	0	1	5
2014	285	0. 877	0. 936	0	1	5
2015	285	1. 674	1. 662	0	1	6
2016	285	1. 849	1. 698	0	2	6
2017	285	2. 000	1. 732	0	2	6
合计	1425	1. 429	1. 530	0	1	6
Panel C：*EID_hard*						
2013	285	5. 158	3. 276	0	6	15
2014	285	5. 547	3. 524	0	6	15
2015	285	6. 221	3. 727	0	6	15
2016	285	6. 502	3. 734	0	7	15
2017	285	7. 572	4. 131	0	8	15
合计	1425	6. 200	3. 777	0	6	15
Panel D：其他变量						
Media	1425	417. 289	485. 389	30	262	3093
Investor	1425	12. 191	1. 573	4. 060	12. 400	14. 617
State	1425	0. 632	0. 483	0. 000	1. 000	1. 000
Size	1425	22. 986	1. 538	19. 862	22. 810	27. 356
Lev	1425	0. 514	0. 209	0. 068	0. 528	0. 959
Roe	1425	0. 057	0. 120	-0. 459	0. 057	0. 447
Herfi5	1425	0. 197	0. 136	0. 017	0. 167	0. 630
Big4	1425	0. 113	0. 317	0. 000	0. 000	1. 000

Panel A、Panel B、Panel C 统计结果显示，*EID*、*EID_soft* 和 *EID_hard* 均呈现出披露质量逐年提高、个体差异总体扩大的趋势。2013—2017 年，样本公司 *EID* 的最小值为 0，最大值为 19，且标准差为 4. 581，说明样本公司之间存在较大的个体披露差异。

EID 均值为7.629，中位数为7，说明样本公司整体披露水平较低。但是，*EID* 的均值、中位数和最大值均呈现上升态势，说明样本公司的环境信息披露质量不断提高。除2016年外，每年 *EID* 的标准差均有所提高，说明随着企业环境信息披露质量的整体提升，个体差异有所扩大。*EID_soft*、*EID_hard* 与 *EID* 的统计特征基本一致。

根据 Panel D，媒体关注（*Media*）的最小值为30，最大值为3093，平均值为417.289，中位数为262，说明企业受到的媒体关注水平差异较大，且总体较低。投资者关注的最小值为4.060，最大值为14.617，存在较大差异。平均值为12.191，小于中位数12.400，说明投资者关注度总体较高。此外，产权性质（*State*）的平均值为0.632，说明样本公司中国有企业占比超过六成。财务杠杆（*Lev*）的平均值为51.4%，中位数为52.8%，说明样本公司资本结构总体合理。盈利能力（*Roe*）的平均值为0.057，最大值为0.447，说明样本公司整体的盈利能力一般。股权集中度（*Herfi5*）的平均值为0.197，表明前五大股东持股比例平方和为19.7%，说明样本公司总体股权集中度较高。标准差为0.136，说明股权集中度的个体差异较大。是否为四大审计（*Big4*）的平均值为0.113，说明仅有一成多的样本公司是由四大进行审计。

6.5.2 相关性分析

表6-3为所有变量的 Pearson 相关系数。从表中可以看到，企业环境信息披露质量（*EID*）和媒体关注（*Media*）、投资者关注（*Investor*）分别在5%、1%水平上呈现显著正相关。企业环境信息软披露质量（*EID_soft*）和企业环境信息硬披露质量（*EID_hard*）也表现出与 *EID* 相似的结果。因此，可以初步验证假设1与假设2，即媒体关注和投资者关注能够有效促进企业披露环境信息。媒体关注（*Media*）和投资者关注（*Investor*）之间在1%水平上显著正相关，系数为0.283，可以初步验证媒体关注与投资者关注之间

表 6－3　　　　　　　　相关性分析

	EID	*EID_soft*	*EID_hard*	*Media*	*Investor*	*State*	*Size*	*Lev*	*Roe*	*Herfi5*	*Big4*
EID	1										
EID_soft	0.646 ***	1									
EID_hard	0.952 ***	0.382 ***	1								
Media	0.067 **	0.077 ***	0.049 *	1							
Investor	0.100 ***	0.083 ***	0.088 ***	0.283 ***	1						
State	0.101 ***	−0.083 ***	0.154 ***	0.206 ***	0.125 ***	1					
Size	0.153 ***	0.007	0.183 ***	0.569 ***	0.321 ***	0.402 ***	1				
Lev	0.030	−0.095 ***	0.074 ***	0.187 ***	0.107 ***	0.363 ***	0.527 ***	1			
Roe	−0.031	−0.010	−0.033	0.099 ***	−0.004	−0.136 ***	0.030	−0.203 ***	1		
Herfi5	0.084 ***	−0.002	0.103 ***	0.309 ***	0.076 ***	0.269 ***	0.440 ***	0.180 ***	0.032	1	
Big4	−0.040	−0.012	−0.044	0.458 ***	0.178 ***	0.171 ***	0.471 ***	0.085 ***	0.099 ***	0.235 ***	1

注：*、**、*** 分别代表在 10%、5%、1% 水平上显著。

存在一定的内在联系。基于上述内容，可以初步判断满足中介效应检验的条件。控制变量方面，除盈利能力（*Roe*）和是否为四大审计（*Big*4）外，都与 *EID*、*EID_soft* 或 *EID_hard* 呈现出一定的显著相关性。此外，变量的方差膨胀因子（VIF）均小于3，平均值为1.53，表明变量之间不存在严重的共线性问题。

6.5.3 回归分析

（1）媒体关注对企业环境信息披露质量的影响

根据表6－4可以看到，企业环境信息披露质量（*EID*）与媒体关注（*Media*）在5%水平上显著正相关，回归系数为0.001。这说明网络媒体对企业的关注度越高，企业环境信息披露质量越高。将环境信息披露分为软披露与硬披露分别进行回归发现，媒体关注与软披露质量（*EID_soft*）在1%水平上显著正相关，与企业环境信息硬披露质量（*EID_hard*）呈正相关，但是并不显著。这说明随着媒体关注度的提高，相较于硬披露，企业更愿意进行软披露。这是因为硬披露往往需要通过具体数据说明才能具有说服力，而软披露则更多地从主观上表达了企业环境责任的履行，无法通过数据进行验证，这给予了企业一定的环境信息披露调节空间。

表6－4　媒体关注和企业环境信息披露的回归分析

变量	(1)	(2)	(3)
	EID	*EID_soft*	*EID_hard*
Media	0.001 **	0.000 ***	0.000
	(2.19)	(3.20)	(1.15)
State	0.286	－0.848 **	1.132
	(0.27)	(－2.06)	(1.37)
Size	2.731 ***	0.901 ***	1.833 ***
	(9.34)	(7.88)	(7.99)
Lev	－5.085 ***	－1.519 ***	－3.528 ***
	(－4.26)	(－3.25)	(－3.77)

续表

变量	(1)	(2)	(3)
	EID	*EID_soft*	*EID_hard*
Roe	0. 416 (0. 42)	-0. 273 (-0. 71)	0. 684 (0. 88)
Herfi5	-7. 549 *** (-3. 65)	-3. 640 *** (-4. 50)	-3. 980 ** (-2. 45)
Big4	0. 898 (0. 59)	0. 922 (1. 55)	-0. 026 (-0. 02)
Constant	-51. 702 *** (-7. 82)	-17. 544 *** (-6. 79)	-34. 238 *** (-6. 60)
N	1425	1425	1425
R^2	0. 096	0. 087	0. 070
F - Value	17. 24 ***	15. 47 ***	12. 13 ***

注：*、**、*** 分别代表在 10%、5%、1% 水平上显著，括号内的数字为 t 统计值。

在控制变量方面，公司规模（*Size*）、财务杠杆（*Lev*）及股权集中度（*Herfi5*）均与企业环境信息披露质量（*EID*）在 1% 水平上显著相关。其中，公司规模与 *EID* 表现出正相关关系，而财务杠杆、股权集中度则与之相反，表现出负相关关系。与现有研究不同，产权属性（*Size*）、是否为四大审计（*Big4*）与 *EID* 之间并不存在显著相关性。控制变量与软披露（*EID_soft*）、硬披露（*EID_hard*）的回归结果与总体披露质量（*EID*）的回归结果基本一致。

（2）投资者关注对企业环境信息披露质量的影响

利用模型（6 -2），以投资者关注（*Investor*）为解释变量的回归分析结果如表 6 -5 所示。从中可以看到，投资者关注（*Investor*）与企业环境信息披露质量（*EID*）在 5% 水平上显著正相关，相关系数为 0. 229。这说明在互联网环境中，投资者投放于企业的有限注意力能够促进企业环境信息公开。与媒体关注的回归结果相似，投资者关注与环境信息软披露（*EID_soft*）在 1% 水平上显著正相关，但是与环境信息硬披露（*EID_hard*）没有显著相关性。从回归系数来看，投资者关注对环境信息软披露的影响也明显大于环境信息硬披露。

表 6－5　投资者关注和企业环境信息披露的回归分析

变量	(1)	(2)	(3)
	EID	*EID_soft*	*EID_hard*
Investor	0.229 ** (2.04)	0.169 *** (3.87)	0.059 (0.67)
State	0.202 (0.19)	-0.905 ** (-2.21)	1.106 (1.34)
Size	2.550 *** (8.23)	0.763 *** (6.31)	1.791 *** (7.38)
Lev	-4.938 *** (-4.12)	-1.399 *** (-2.99)	-3.501 *** (-3.72)
Roe	0.753 (0.77)	-0.066 (-0.17)	0.809 (1.05)
Herfi5	-7.420 *** (-3.57)	-3.484 *** (-4.30)	-4.004 ** (-2.46)
Big4	0.918 (0.60)	0.958 (1.61)	-0.040 (-0.03)
Constant	-50.049 *** (-7.50)	-16.294 *** (-6.26)	-33.841 *** (-6.47)
N	1425	1425	1425
R^2	0.096	0.091	0.069
F-Value	17.14 ***	16.21 ***	11.99 ***

注：*、**、*** 分别代表在 10%、5%、1% 水平上显著，括号内的数字为 t 统计值。

控制变量的回归结果与模型（6－1）基本一致，进一步验证了公司规模越大、财务杠杆越小、股权越分散，越有利于企业增加披露优质的环境信息。同时，产权属性、是否为四大审计与企业环境信息披露之间仍未表现出显著相关性。

（3）投资者关注的中介效应

利用模型（6－3），通过回归分析媒体关注（*Media*）与投资者关注（*Investor*）之间的关系，结果如表6－6所示。从表中结果可以看到，媒体关注（*Media*）与投资者关注（*Investor*）在1%水平上显著正相关，说明随着网络媒体对企业关注度的提高，投资者对企业的关注度也随之提高。

表6－6　　　媒体关注与投资者关注的关系分析

变量	*Investor*
Media	0.001*** (4.93)
State	0.258 (0.94)
Size	0.897*** (11.69)
Lev	−0.902*** (−2.88)
Roe	−0.539** (−2.08)
Herfi5	−1.934*** (−3.56)
Big4	−0.551 (−1.38)
Constant	−7.855*** (−4.53)
N	1425
R^2	0.137
F－Value	25.63***

注：*、**、*** 分别代表在10%、5%、1%水平上显著，括号内的数字为t统计值。

基于模型（6－1）与模型（6－2）验证了中介效应存在的前提条件，基于模型（6－3）验证了媒体关注与投资者关注之间的内在联系。利用模型（6－4）完成中介效应检验的最后一个程序，结果如表6－7所示。可以看到，在将媒体关注与投资者关注同时放入模型进行回归后，媒体关注（*Media*）、投资者关注（*Investor*）和企业环境信息披露质量（*EID*）均在10%水平上显著正相关，和环境信息软披露质量（*EID_soft*）均在1%水平上显著正相关。并且，投资者关注在媒体关注对企业环境信息披露行为的影响中存在显著的中介效应，但并非完全中介效应，而是部分中介效应。这说明媒体关注在影响企业环境信息披露行为的过程中，有部分影响是通过引起投资者关注实现的。

表6－7　　　　投资者关注的中介效应

变量	(1)	(2)	(3)
	EID	*EID_soft*	*EID_hard*
Media	0.001* (1.92)	0.000*** (2.68)	0.000 (1.07)
Investor	0.198* (1.75)	0.152*** (3.45)	0.045 (0.51)
State	0.235 (0.22)	－0.887** (－2.17)	1.120 (1.36)
Size	2.554*** (8.26)	0.765*** (6.35)	1.793*** (7.38)
Lev	－4.907*** (－4.10)	－1.382*** (－2.96)	－3.487*** (－3.71)
Roe	0.522 (0.53)	－0.191 (－0.50)	0.708 (0.91)
Herfi5	－7.167*** (－3.45)	－3.346*** (－4.13)	－3.893** (－2.38)

续表

变量	(1)	(2)	(3)
	EID	*EID_soft*	*EID_hard*
Big4	1.006 (0.66)	1.006* (1.70)	-0.001 (-0.00)
Constant	-50.150*** (-7.52)	-16.350*** (-6.30)	-33.885*** (-6.47)
N	1425	1425	1425
R^2	0.099	0.097	0.070
F - Value	15.50***	15.15***	10.64***

注：*、**、*** 分别代表在 10%、5%、1% 水平上显著，括号内的数字为 t 统计值。

6.5.4　稳健性检验

为了保证实证研究结果的可靠性，本节进行了两方面的稳健性检验。具体如下：一是考虑到 2017 年我国证监会对上市公司年报与半年报环境信息披露内容与格式准则进行修订的情况，将剔除 2017 年的样本，通过 2013—2016 年的样本再次进行回归分析。回归结果如表 6-8 所示。二是考虑到网络媒体能够借助互联网进行快速的转载，使其具有不同于传统媒体的非原创性特征。因此，采用非原创性新闻报道数量对媒体关注重新进行度量。同时，考虑到智能手机的快速普及，以手机为载体的应用软件迅速发展，使得用户的使用习惯发生了改变，更多地通过移动端进行信息的搜索和阅读。因此，采用移动端的百度搜索指数对投资者关注重新进行度量。在此基础上，采用 2013—2017 年的样本再次进行回归，回归结果如表 6-9 所示。基于上述稳健性检验，本章的三个假设均再次得到验证，主要研究结论并未发生重大变化，说明实证结果较为稳健可靠。

表 6-8 稳健性检验一

变量	(1)	(2)	(3)	(4)	(5)	(6)	(7)	(8)	(9)	(10)
	EID	*EID_soft*	*EID_hard*	*EID*	*EID_soft*	*EID_hard*	*EID*	*EID_soft*	*EID_hard*	*Investor*
Media	0.001 **	0.001 ***	0.001 *				0.001 **	0.000 **	0.001 *	0.001 ***
	(2.55)	(2.77)	(1.89)				(2.22)	(2.25)	(1.73)	(4.30)
Investor				0.235 **	0.145 ***	0.091	0.203 **	0.132 ***	0.072	
				(2.41)	(3.81)	(1.19)	(2.06)	(3.45)	(0.93)	
State	1.638	-0.503	2.136 **	1.477	-0.588	2.058 **	1.556	-0.557	2.107 **	0.406
	(1.29)	(-1.01)	(2.14)	(1.16)	(-1.18)	(2.06)	(1.22)	(-1.12)	(2.11)	(0.91)
Size	2.381 ***	0.925 ***	1.465 ***	2.125 ***	0.750 ***	1.384 ***	2.091 ***	0.736 ***	1.363 ***	1.426 ***
	(7.11)	(7.05)	(5.59)	(5.85)	(5.30)	(4.86)	(5.77)	(5.21)	(4.79)	(12.23)
Lev	-5.158 ***	-1.705 ***	-3.439 ***	-4.837 ***	-1.497 ***	-3.324 ***	-4.840 ***	-1.498 ***	-3.326 ***	-1.565 ***
	(-3.86)	(-3.26)	(-3.29)	(-3.59)	(-2.85)	(-3.15)	(-3.61)	(-2.86)	(-3.16)	(-3.36)
Roe	-1.840 *	-0.670	-1.257	-1.535	-0.505	-1.116	-1.664	-0.555	-1.194	-0.866 **
	(-1.69)	(-1.57)	(-1.48)	(-1.41)	(-1.19)	(-1.31)	(-1.53)	(-1.31)	(-1.40)	(-2.29)
Herfi5	-3.836 *	-4.314 ***	0.388	-4.010 *	-4.314 ***	0.214	-3.570	-4.141 ***	0.483	-1.311 *
	(-1.71)	(-4.90)	(0.22)	(-1.79)	(-4.93)	(0.12)	(-1.59)	(-4.72)	(0.27)	(-1.67)
Big4	1.465	1.114	0.357	1.341	1.069	0.277	1.480	1.124	0.362	-0.074
	(0.59)	(1.14)	(0.18)	(0.54)	(1.10)	(0.14)	(0.59)	(1.16)	(0.19)	(-0.09)

续表

变量	(1)	(2)	(3)	(4)	(5)	(6)	(7)	(8)	(9)	(10)
	EID	*EID_soft*	*EID_hard*	*EID*	*EID_soft*	*EID_hard*	*EID*	*EID_soft*	*EID_hard*	*Investor*
Constant	-45.657 *** (-6.03)	-18.166 *** (-6.13)	-27.692 *** (-4.67)	-42.155 *** (-5.39)	-15.740 *** (-5.16)	-26.594 *** (-4.34)	-41.595 *** (-5.33)	-15.519 *** (-5.10)	-26.252 *** (-4.28)	-20.017 *** (-7.59)
N	1140	1140	1140	1140	1140	1140	1140	1140	1140	1140
R^2	0.076	0.097	0.050	0.076	0.104	0.048	0.081	0.109	0.051	0.178
F - Value	10.02 ***	13.00 ***	6.44 ***	9.91 ***	14.07 ***	6.12 ***	9.33 ***	13.01 ***	5.74 ***	26.20 ***

注：*、**、*** 分别代表在10%、5%、1%水平上显著，括号内的数字为t统计值。

表6-9　　稳健性检验二

变量	(1)	(2)	(3)	(4)	(5)	(6)	(7)	(8)	(9)	(10)
	EID	*EID_soft*	*EID_hard*	*EID*	*EID_soft*	*EID_hard*	*EID*	*EID_soft*	*EID_hard*	*Investor*
Media	0.001 ** (2.38)	0.001 *** (3.39)	0.000 (1.31)				0.001 * (1.91)	0.000 *** (2.72)	0.000 (1.04)	0.001 *** (5.22)
Investor				0.360 *** (3.29)	0.203 *** (4.75)	0.157 * (1.82)	0.328 *** (2.97)	0.185 *** (4.29)	0.143 (1.64)	
State	0.295 (0.28)	-0.843 ** (-2.06)	1.136 (1.38)	0.261 (0.25)	-0.862 ** (-2.11)	1.122 (1.36)	0.291 (0.28)	-0.845 ** (-2.08)	1.134 (1.38)	0.011 (0.04)

续表

变量	(1)	(2)	(3)	(4)	(5)	(6)	(7)	(8)	(9)	(10)
	EID	*EID_soft*	*EID_hard*	*EID*	*EID_soft*	*EID_hard*	*EID*	*EID_soft*	*EID_hard*	*Investor*
Size	2.729*** (9.34)	0.901*** (7.88)	1.832*** (7.99)	2.351*** (7.42)	0.687*** (5.57)	1.667*** (6.70)	2.363*** (7.47)	0.694*** (5.64)	1.673*** (6.72)	1.117*** (14.26)
Lev	-5.064*** (-4.24)	-1.508*** (-3.23)	-3.518*** (-3.76)	-4.711*** (-3.93)	-1.308*** (-2.80)	-3.363*** (-3.57)	-4.678*** (-3.91)	-1.290*** (-2.77)	-3.349*** (-3.56)	-1.179*** (-3.69)
Roe	0.402 (0.41)	-0.278 (-0.72)	0.673 (0.87)	0.875 (0.89)	-0.013 (-0.03)	0.878 (1.14)	0.645 (0.65)	-0.140 (-0.37)	0.779 (1.00)	-0.743*** (-2.81)
Herfi5	-7.499*** (-3.62)	-3.618*** (-4.47)	-3.952** (-2.43)	-6.847*** (-3.29)	-3.248*** (-4.00)	-3.666** (-2.24)	-6.610*** (-3.17)	-3.116*** (-3.84)	-3.564** (-2.17)	-2.716*** (-4.89)
Big4	0.914 (0.60)	0.930 (1.56)	-0.016 (-0.01)	0.901 (0.59)	0.923 (1.56)	-0.021 (-0.02)	1.002 (0.66)	0.979* (1.66)	0.022 (0.02)	-0.267 (-0.66)
Constant	-51.665*** (-7.82)	-17.526*** (-6.78)	-34.219*** (-6.60)	-47.221*** (-7.00)	-15.023*** (-5.71)	-32.285*** (-6.09)	-47.473*** (-7.05)	-15.162*** (-5.78)	-32.393*** (-6.11)	-12.798*** (-7.22)
N	1425	1425	1425	1425	1425	1425	1425	1425	1425	1425
R^2	0.097	0.088	0.070	0.101	0.097	0.071	0.104	0.103	0.072	0.187
F-Value	17.38***	15.67***	12.18***	18.19***	17.39***	12.43***	16.41***	16.23***	11.01***	37.18***

注：*、**、*** 分别代表在10%、5%、1%水平上显著，括号内的数字为t统计值。

6.6　本章小结

根据上述回归分析，媒体关注和投资者关注分别能够在 5% 水平上显著影响企业环境信息披露质量。网络媒体报道的数量越多，投资者对企业的关注度越高，企业整体环境信息披露质量越好。将环境信息披露分为软披露与硬披露发现，媒体关注与投资者关注能够在 1% 水平上显著影响软披露质量，但对硬披露质量的影响并不显著。这说明企业在媒体关注或投资者关注的外部压力下，更愿意进行软披露而并非硬披露。究其原因，软披露无法通过货币性信息进行描述，这给予了企业一定的调节空间。相反，硬披露能够通过货币性信息进行表述，企业若只通过文字描述进行披露，可能会降低信息的可信度。因此，在企业软披露水平较低的情况下，企业更愿意优先披露更多的软信息，而在软披露已经处于较高水平而无提高空间时，企业才会通过硬披露提高整体环境信息的披露质量。

在此基础上，检验了媒体关注与投资者关注的关系。回归结果证明，媒体关注能够显著正向影响投资者关注，即随着媒体关注的增加，投资者关注也相应提高。这证实了互联网环境中媒体对投资者有限注意力的议程设置作用。进一步地，将媒体关注和投资者关注同时放入实证模型后发现，媒体关注和投资者关注对企业整体环境信息披露质量、软披露质量仍然均具有显著性，验证了投资者关注在媒体关注对企业环境信息披露质量的影响过程中具有部分中介作用。这说明媒体关注对企业环境信息披露质量的一部分影响是通过投资者关注实现的。因此，媒体关注既可以直接作用于企业环境信息披露，也可以通过投资者关注间接作用于企业披露行为。

综上，本章选取 2013—2017 年沪深 A 股的重污染行业上市公司，参考现有文献构建了环境信息披露质量的指标评价体系、选取了媒体关注和投资者关注的替代变量，实证检验了媒体关注、投资者关注对企业环境信息披露质量的影响。研究表明，媒体关注与投资者关注对企业整体环境信息披露质量具有显著正向影响。相较于硬披露，企业环境信息软披露受到媒体关注和投资者关注的影响更为显著。这说明企业在媒体关注或投资者关注的外部压力下，更愿意进行软披露而并非硬披露。利用逐步回归法进行中介检验发现，投资者关注在媒体关注对企业披露行为的影响过程中具有显著的部分中介作用。由此，实证研究结果验证了本研究的三个假设，证实了互联网环境中媒体对投资者注意力存在的议程设置作用，揭示了媒体报道影响企业环境信息披露行为的作用路径。

第 7 章

地方政府财政竞争对企业环境信息披露行为的影响研究

7.1　问题提出

我国经济快速增长的同时，环境污染却日益严重（Horne 等，2016；Vollaard 和 Ben，2017），从而影响了企业利益相关者的价值诉求（Moreno - Jiménez 等，2016；Günther 和 Hellmann，2017）。这一现象引起了社会公众的广泛关注，同时政府也逐渐加强对环境的监管力度。财政政策被广泛认为是环境管理的有效手段（Zhou 等，2018）。对比世界各国的财政政策，由政府制定的经济政策通常具有极强的行政干预能力。我国于 1994 年开始实行分税制改革体系，该制度确定了中央政府和地方政府间集权和分权的关系。通过实施财政分税制改革，1994 年中央财政收入占中国财政总收入比例由上一年的 22% 提升到 55.7%，地方财政收入占中国财政收入的比重由上一年的 77.98% 下降到了 44.30%。在财政支出方面，中央财政支出占中国总支出的比例同比仅增加了 2%。不难看出，一方面，财政分权增加了中央财政的宏观调控能力，着重关注国民经济发展的关键领域，提高了政府工作效率，推动了中国经济快速增长（Buchanan，1965；Oates，1972；Qian 和 Weingast，1997）。另一方面，随着财政体制改革的不断深入，不仅中央和地方政府之间的经济利益矛盾日益凸显，而且地方政府治理辖区事务的弊端也逐渐显现。究其原因，分税制改革确立的财政转移支付制度中一般转移支付力度不足，导致地方政府难以弥补辖区巨大的财政收支缺口，形成地方政府财政赤字。

环境治理作为一种公共服务，具有外部性的特征（Que 等，2018）。在中央政府和地方政府的博弈过程中，地方政府会为了追求区域经济利益而放宽辖区企业环境管制。这种因经济主体与环境保护产生的负外部效应，可从以下两个方面进行解释。第一，地方政府之间的经济竞争加剧了环境的恶化（Zhou 等，2018）。各地方政府通过工业补贴、税收减免、制度松弛等手段，竭力寻求一切资源进行投资和资本竞争，以求拉动地方经济增长（Qian 和 Roland，1998）。因而，地方政府可能为了拉动经济增长而忽视环境保护工作，由此产生环境规制的“逐底竞争”现象（Woods，2006；Busse 和 Silbergers，2013）。第二，分税制背景下，中央政府在考核地方政府官员业绩指标时，相较于环境方面的因素，更多关注于经济业绩的提升（Li 和 Zhou，2003）。因此，地方政府官员倾向在任期内大幅提升经济政绩，从而放松环境监管，导致出现环境污染问题（Wilson，1999）。综合以上因素，地方政府在追求经济利益和政治利益时，往往愿意牺牲自然环境，因为环境成本在管辖单位之间是不对称的（Zhou 等，2018）。

2014 年，我国实施了新的《环境保护法》。本章以该法律实施前三年为研究区间（2012—2014 年），以 28 个省市级的 1717 家上市公司为样本，研究各省份之间的财政竞争对企业环境信息披露质量的影响。研究过程运用了多层线性模型（HLM），结合企业外部因素和内部特征两个方面，分析地方政府财政竞争对辖区内上市公司环境信息披露的影响机制。

7.2　相关研究现状

7.2.1　关于企业环境信息披露的动因研究

针对环境信息披露动机的研究，国内外学者的观点主要可归纳为三类：

第一，出于反映受托责任的动机。企业和外部利益相关者之间存在信息不对称问题，作为责任受托方的企业，应该对委托方包括企业员工、股东、政府监管部门等及时准确披露全面的信息，以使委托方更好地对企业进行监督和评价。de Villiers 和 van Staden（2010）研究发现，澳大利亚、美国和英国公司管理层表明迎合股东的需求是企业披露环境信息的主要动因。

第二，出于满足融资需求的动机。企业通常为了获得投资者的青睐进行环境信息披露，以降低由信息不对称产生的代理成本（姚圣，2017）。Barth 等（1997）发现，企业会披露更多环境信息以求在资本市场上获得融资的优势。沈艳和蔡剑（2009）、周一虹和陈文文（2008）研究也发现，环境信息披露水平高、社会责任履行好的企业更容易受到投资者的关注。

第三，出于满足组织合法性的动机。外部压力理论表明，企业披露环境信息是出于对公众或政府的回应。企业通过披露正面的环境信息，可以缓解社会公众带来的负面舆论（Ramanathan，1976；Clarkson 等，2008）。沈洪涛和冯杰（2012）实证发现环境信息披露质量明显受到媒体报道倾向性的影响。当企业面临的社会压力越大、政府监管力度越强时，信息披露质量就越好。毕茜和彭珏等（2012）也通过实证的方法验证，政府环境法规的颁布对环境信息披露质量具有明显的正向作用。

7.2.2　关于地方政府财政竞争的相关研究

地方政府财政竞争的相关研究主要从财政竞争的理论研究和后果研究两个方面展开。

地方政府财政竞争最早起源于西方经济学中的财政分权理论，分权是地方政府财政竞争的必要条件。“传统联邦主义”认为，当市场参与者可以“用脚投票”时，他们会倾向于选择使自身效益最大化的方案。因此，中央政府需要适度放权，使地方政府能够更有效率地提升其服务水平，以吸引消费者或选民（Tiebout，1956）。Qian 和 Weingast（1997）等学者结合我国的实际情况，提出了“市场保护型联邦主义”。这一理论倡导由中央政府负责维护统一市场，从而让地方政府具有充分的动机保护市场，由此产生有效的政府财政竞争，促进经济发展。但 1994 年实行的分税制改革，在一定程度上削弱了“市场保护型联邦主义”的解释力度（Tsai，2004；Cai 和 Treisman，2006）。“为增长而竞争”理论认为，中央政府集中政治权利下放经济权利，能有效促进地方政府的竞争。此后，尽管“为增长竞争”理论也受到一些质疑（陶然等，2010；Yu 等，2016），但其对于发展中国家地方政府竞争行为起到一定解释作用。无论何种竞争模式，这种竞争关系的作用路径都可以划分为横向竞争或纵向竞争（Miller 等，1991），抑或划分为溢出效应、财政模仿和标尺竞争（周业安和宋紫峰，2009）。实行分税制改革以来，地方政府拥有了更多的决策权，同时地方政府也承担了更多的事权。据统计，截至 2005 年，在国家财政支出中，地方政府财政支出占比约为 74.1%（卢洪友和龚锋，2007），但地方政府的财政收入并未因此而增加，导致地方政府形成巨大的收支缺口。由于存在严重的财权与事权不对称，地方政府不得不通过增加预算外收入改善其财政情况，从而加剧了地方政府之间的财政竞争。此外，分税制的实施确立了中央和地方政府之间的委托人和代理人关系，业绩考评成为中央政府了解地方政府行政作为的手段。国内许多学者对地方政府业绩考评制度进行了研究，他们发现虽然中央政府不断完善考评指标体系，但 GDP 仍是考核体系的主要指标（周黎安，2004；姚洋和张牧扬，2013）。根据锦标赛理论，出于政治晋升的角度，地方官员不得不展开政府财政竞争。

关于地方政府财政竞争的后果研究，主要从两个方面展开。一方面，多数研究认为其促进了中国经济的增长。例如，基于标尺竞争理论，地方政府会参考其他地方政府的相关政策，模仿或者学习借鉴其成功之处，提升本地政府工作效率（Besley 和 Case，1995；Baicker，2005）。张五常（2009）认为，在中国财政分权体制下，处于县级的地方政府间竞争最大。基层政府间的竞争有效向上推动了经济竞争，促进了中国经济的快速发展。周黎安（2017）认为，基于锦标赛竞争，地方政府官员为了能够在政治竞争中胜出，会更加重视地方经济增长。另一方面，也有一些学者对这种由竞争带来的增长表示担忧。他们认为，地方政府财政竞争带来的一些负面影响同样值得关注。比如，重复建设问题、地方保护问题、诸侯经济问题、土地财政问题、环境污染问题，等等。在美国，地方政府通常会增加先进基础设施建设以胜出临近区域，从而导致原有基础设施空置形成浪费（Taylor，1992）。周黎安（2004）通过构造地方官员博弈模型，发现重复建设的问题同样存在于中国。地方政府间的竞争会通过行政、制度等手段形成地方保护主义，影响经济发展。早期也有学者证明，这种地方保护主义，不仅存在于产品和要素市场，还存在于财政、司法等行政领域（沈立人和戴园晨，1990；林文益，1990）。相比重复建设、诸侯经济，已有研究对地方政府财政竞争形成的土地财政问题尤为关注。相较过去，土地出让的收入增长了数十倍，许多学者将这种现象归结为地方政府财政竞争的后果。地方政府在财政赤字和政绩考评的双重压力下，出让土地成为其增加预算外收入较为有效的手段（卢洪友等，2011；

唐云锋和马春华，2017）。李郇等（2013）通过实证检验发现地方政府间的横向竞争导致其对土地财政形成依赖。罗必良（2010）利用1978—2008年数据，发现土地城市化加大了城乡收入差距，土地出让越多的地区，竞争机制也越多样（许冰娅，2019）。

7.2.3 地方政府财政竞争对环境治理影响的相关研究

我国环境治理制度由中央政府负责制定，各级地方政府负责执行和监管，这就形成了环境治理的分权问题。中央政府成为环境制度执行的委托人，地方政府成为环境制度执行的代理人。由于作为宏观管理者的中央政府的目标是整个国家公共利益最大化，而作为理性经济人的地方政府的目标并非如此。两者目标的不一致，形成了地方政府在环境规制方面“非完全执行”甚至“消极执行”的现象（张华，2016；陈家建和张琼文，2015）。环境保护作为一种公共物品，具有显著的外部性特征，因此在地方政府财政竞争中最易沦为牺牲品（杨海生等，2008；潘瑞娇和王赛德，2011）。

Oates 和 Schwab（1988）表明，地方政府财政竞争可能利用溢出效应，向辖区以外地区排放污染。国内学者也发现，地方政府为了在竞争中交上满意的答卷，会不计代价引进高能耗高污染的外资企业。随着竞争的加剧，地方政府会主动采取降低环境标准等手段吸引更多的投资（邓玉萍和许和连，2013；刘津汝，2013）。研究发现，我国 FDI 产业分布中，60%属于制造业行业，88%属于高污染行业，30%属于重度污染行业。环境规制“逐底竞争”理论认为，地方政府间为了经济赶超而竞相降低环境监管。许多学者的研究表明，在财政分权视角下，地方政府大力寻求经济增长或官员晋升，可能会在环境保护方面产生“逐底竞争”行为（Woods，2006；Busse 和 Silberberger，2013），或直接加剧地方环境污染情况（Wilson，1999；Zhou 等，2018）。

刘建民等（2015）以中国 2003—2013 年 272 个地级以上城市

为样本，通过实证检验发现地方政府财政竞争与环境污染之间呈显著负相关关系。张华（2016）研究发现，在相互竞争的地方政府中，若有一方率先放松环境监管，那么其他参与竞争的一方或多方也将相应放松环境监管，甚至放松至更低水平。何爱平和安梦天（2019）基于2001—2015年中国30个省级区域数据，通过衡量地方政府的绿色发展效率，发现当经济指标数据与环境保护指标数据不能兼得时，地方政府会选择忽视生态环境限制。闫文娟（2012）在研究地方政府与环境治理的关系中，引入财政分权作为交互项，发现财政分权通过地方政府竞争的途径，明显降低了环境治理投资。

7.2.4　文献述评

通过上述文献梳理，学者们在企业环境信息披露质量、地方政府财政竞争与企业环境治理方面已取得丰富的研究成果，为企业环境治理实践提供了有益参考，但还存在以下不足：

第一，在外部压力角度，较少从我国经济制度背景出发，探讨由财政分权导致的地方政府财政竞争对环境信息披露的影响。在政府压力方面，大多学者探讨了政府监管对企业环境信息披露的作用，而并未从导致地方政府监管力度差异的本质出发。研究发现，财政分权制度导致的地方政府竞争效应，很大程度上影响了地方政府环境规制力度。因此，探讨地方政府财政竞争对环境信息披露质量的作用，有助于研究影响环境信息披露的外部因素。

第二，在地方政府财政竞争与环境效应的研究中，多为宏观层面的研究，鲜有微观层面的分析。当前关于地方政府财政竞争与环境效应的实证研究中，通常采用省级或者地市级的数据进行验证，而忽略了企业在环境效应中发挥的主体作用。地区环境效应的行为主体是辖区企业，直接研究地方政府财政竞争对辖区企业环境行为的影响，能够发现环境污染的源头，为地方环境治理提供切入点。

7.3　理论分析与研究假设

根据外部压力理论，规模较大的公司对环境会产生更大的影响，受到公众更多的关注和监督（Campbell，2000）。外部的关注和监督将直接刺激大规模企业承担更多环境责任，同时披露更多的企业环境信息。此外，规模较大的公司规模效益显著，相对于小公司更有能力治理污染和保护环境，成本更低。因此，本章提出如下假设：

假设 1. 1：公司规模越大，越倾向于披露高质量的环境信息。

关于盈利能力如何影响企业环境信息披露质量，现有研究结论观点不一。基于信号传递理论，盈利能力越强的企业倾向于向外界披露更多的信息、传递更多信号，以便和盈利能力弱的企业相区分，体现自身更多的价值（Milne 和 Patten，2002）。但是，部分学者认为盈利能力差的企业倾向于披露更多的环境信息或者承担更多社会责任，以转移利益相关者和公众的注意力（Freedman 和 Jaggi，2005；Patten，2002）。本章倾向于后者，认为盈利能力差的公司会选择通过披露更多环境信息美化公司形象，达到转移公众注意力的目的。因此，本章提出如下假设：

假设 1. 2：公司盈利能力越强，越倾向于较少披露环境信息。

公司财务风险通常通过财务杠杆体现。公司财务杠杆越高，风险程度越大，企业再融资需求则越难满足。因此，资产负债率高的公司倾向于更多地向外界展现公司经营优秀的一面，积极承担更多的社会责任，披露更多企业经营状况和环境保护信息。企业越依赖债务融资，就越有可能采取积极的环境信息披露战略（Clarkson 等，2008）。本章提出如下假设：

假设 1. 3：负债程度越高的公司，倾向于更多地披露环境信息。

按照上市公司控股股东属于政府单位还是非政府单位，将企业性质划分为国有控股企业和非国有企业。国有控股企业通常在国民经济中起主导作用，根据合法性理论（Gray 等，1996），公众认为国有控股企业有责任承担更多的社会责任，有必要披露更多的企业相关信息。因此，国有控股企业倾向于披露更多信息，以向公众传达其在承担社会责任方面的贡献。本章提出如下假设：

假设 1.4：国有控股企业倾向于披露更多的环境信息。

在众多利益相关者中，企业作出决策时通常将大股东的利益放在首位考虑。Wilmshurst 和 Frost（2000）通过对澳大利亚重污染行业的 62 位财务主管调查，结果显示他们在进行环境相关信息披露决策中，首要考虑的因素是股东利益和法规的约束。股东权利可以通过量化股票所有权集中程度来体现。股权集中度越大，股东权利越大，对公司层决策影响也越大。公司为了吸引投资、解决信息不对称问题，倾向于披露更多环境等信息。因此，本章提出如下假设：

假设 1.5：股权集中度越高的公司，环境信息披露水平越高。

环境规制“逐底竞争”是指国家或地方政府为了自身利益而竞相放松本地区环境规制的行为。Cumberland（1981）较早证实了地方政府为了吸引商业和创造就业机会，可能会通过放松环境监管来降低所引进企业的社会成本，导致地方政府间产生“逐底竞争”现象。Woods（2006）的研究结果表明，地方政府在执行本地区环境规制时会以附近区域作为参考，其研究也直接证明环境规制“逐底竞争”现象的存在。Chakraborty 和 Mukherjee（2013）运用多国数据通过实证方法，证明了国家或地方政府为了吸引投资会竞相放松本地区的环境规制。因此，为了避免异地政府降低环境规制水平对本地政府经济效用的影响，主动参与环境规制的“逐底竞争”，成为地方政府的理性选择。

在中国财政分权特殊制度背景下，地方政府之间的竞争进一步加剧，环境规制“逐底竞争”也更加激烈。财政分权制度致使地方政府产生巨大收支缺口，甚至地方政府为弥补财政收支缺口，竞相以出让土地使用权的形式增加税收，且逐渐形成地方政府对土地财政的依赖。在中国分权制的环境效应问题上，中央政府负责制定和颁布环境相关法律法规，地方政府负责下达执行和监管辖区企业的环境行为。基于“理性人”假设，财政分权缺乏激励和约束机制，难以控制地方政府引起的环境问题。只有当地方政府能够获得较高的利益时，地方政府才会比中央政府实行更严格的措施来控制污染（Oates 和 Schwab，1988）。此外，在财政分权下，为了在经济竞争中获得优势，扩大税收基础，地方政府可以采取减轻税收负担、放松环境法规或者两者兼顾的战略（Wilson，1999）。因此，本章提出如下假设：

假设 2：区域财政竞争程度越高，企业环境信息披露水平越低。

7.4 研究设计

7.4.1 样本选择

2008 年，原环保部公布的《上市公司环保核查行业分类管理名录》中，将上市公司重污染行业确定为八类，具体包括采掘业、食品饮料业、纺织服装皮毛业、造纸印刷业、石化塑胶业、金属非金属业、医药生物制品业、水电煤气业。本研究依此分类标准，选取沪深 A 股重污染行业上市公司，剔除 ST 公司和 *ST 公司后共收集 1717 个样本公司。由于 2015 年中国实施了新《环境保护法》，为避免外生因素的影响，研究区间选择了新法规实施的前三年。

7.4.2　变量设计

（1）被解释变量

本章被解释变量为环境信息披露水平（*EID*）。

（2）解释变量

解释变量由两个层面构成，第一层是公司财务特征数据，第二层是公司所属省份的财政数据，具体见表7-1。

表7-1　　　　变量定义

变量名称（符号）	计算说明
土地财政指数（*TDCZ*）	国有建设用地出让情况成交价款/地方政府一般预算收入
公司规模（*Size*）	期末总资产的自然对数
盈利能力（*ROE*）	净利润/股东权益平均值
负债程度（*Lev*）	负债总额/资产总额
股权性质（*State*）	虚拟变量，国有企业为1，非国有控股企业为0
股权集中度（*OC*）	上市公司第一大控股股东持股比例
环境信息披露水平（*EID*）	环境信息披露水平得分

第一层的公司财务特征数据来源于国泰安数据库（CSMAR）。在CSMAR数据库中，研究采集了中国重污染行业上市公司的详细财务特征数据，包括企业总资产、净利润、股东权益、财务杠杆、股权结构等。

本章以上市公司期末总资产的自然对数（*Size*）表示上市公司的规模；以净资产收益率（*ROE*）表示上市公司的盈利能力；以资产负债率（*Lev*）代表上市公司负债程度；以虚拟变量（*State*）表示股权性质，其中非国有企业为0，国有控股企业为1；以上市公司第一大普通股股东持股比例（*OC*）代表股权集中度，具体变量定义见表7-2。

表 7－2　　描述性统计

变量符号		样本量	均值	标准差	最小值	最大值
被解释变量	*EID*	1717	5.77	3.25	1.00	19.00
第一层解释变量	*State*	1717	0.44	0.50	0.00	1.00
	Size	1717	9.60	0.53	8.26	11.39
	ROE	1717	0.05	0.20	－4.69	0.76
	Lev	1717	0.45	0.21	0.01	1.11
	OC	1717	0.37	0.15	0.04	0.88
第二层解释变量	*TDCZ*	28	0.32	0.14	0.13	0.69

第二层的省级层面数据来源于 2012—2014 年《中国统计年鉴》和《中国国土资源统计年鉴》。《中国统计年鉴》和《中国国土资源统计年鉴》是由中国国家统计局编印的一种资料性年刊，分别反映中国经济和社会发展情况及国有土地资源使用情况。由于北京市、海南省和西藏自治区、香港、澳门、台湾六个地区的国有土地出让数据异常于其他省份，在研究过程中予以剔除。

财政分权制度导致地方政府产生巨大收支缺口。地方政府为弥补财政收支缺口，通过一系列优惠条件争取要素禀赋，以实现区域经济发展，甚至竞相以出让土地使用权的形式增加税收，形成了土地财政依赖。研究中以土地财政指数（*TDCZ*）来衡量区域财政竞争程度。具体计算方法是，土地财政指数＝省级国有建设用地出让情况成交价款/地方政府一般预算收入。该比值较高说明地方政府土地财政依赖现象严重，区域财政竞争强度较大；该比值较低，说明土地财政依赖程度较低、区域财政竞争强度较小。为了确保数据匹配性和精准性，研究中对三年土地财政指数进行了平均化处理。

7.4.3　模型建立

本章选取多层线性模型（HLM）分析土地财政指数对企业环

境信息披露质量的直接影响和间接影响。HLM 模型在社会科学研究中具有广泛的应用，适用于样本来自不同的层级和单位，该方法能够分析数据的跨层（多层）的特征。在心理学和人力资源领域HLM 模型应用最为广泛，它能很好地描述社会科学领域中跨层次问题。比如，Ilmari 等（2011）研究了芬兰公共卫生与社会服务中组织气候与文化的分化特征。Glisson 和 James（2002）研究了组织文化和氛围对企业人力资源管理的作用。Aarons 等（2012）研究了美国精神卫生服务组织的社会背景和临床医生对循证医学的态度。随着公司治理领域中微观和宏观层面的整合，HLM 模型在公司治理领域的应用也逐渐引起重视。Dalton 和 Dalton（2011）基于两个贸易公司治理结构与财务绩效研究中有争议的问题，认为研究中无效的结果可能与分析不足有关，但更多的是取决于方法选择，HLM 模型更是适合用于这类问题的研究。Li – Yueh 和 Veasna（2013）采用 HLM 模型，研究发现公司层面程序公平对员工满意度、工作投入度方面具有显著影响。

在研究样本中，公司层面数据和省级层面的数据具有典型的嵌套结构特征，采用 HLM 模型具有很好的适用性。本章采用该方法研究公司和省级层面不同指标对企业环境信息披露质量的影响。具体而言，将模型中特定变量回归系数分解为固定部分和随机部分，能有效区分这种影响来自企业层面还是来自地区层面。模型建立过程分为以下三个步骤：

（1）零模型（具有随机效应的单因素方差分析）

零模型用以分析跨层次效果是否存在，当公司层和政府层差异显著时进行下一步分析，模型设定如下：

$$\text{Level1}: EID_{ij} = \beta_{0j} + \varepsilon_{ij} \tag{7-1}$$

$$\text{Level2}: \beta_{0j} = \gamma_{00} + \mu_{0j} \tag{7-2}$$

公式（7 – 1）中，i 表示样本公司，j 表示省份，EID_{ij}是位处 j 省的 i 上市公司环境信息披露水平，分省份进行回归，β_{0j}为各省份上市公司的平均环境信息披露水平，ε_{ij}为β_{0j}的随机差异，即省内差异。公式（7－2）中，γ_{00}为整体环境信息披露水平均值，μ_{0j}为对此平均值的随机差异，即省间差异。

（2）随机模型（随机回归系数模型）

用以检验 Level1 中自变量对因变量（*EID*）的直接影响，对每个省的公司作回归分析，例如对 j 省，模型设定如下：

$$\text{Level1}: EID_{ij} = \beta_{0j} + \beta_{1j}Size + \beta_{2j}ROE + \beta_{3j}Lev + \beta_{4j}State + \beta_{5j}OC + r_{ij} \quad (7-3)$$

$$\text{Level2}: \beta_{0j} = \gamma_{00} + \mu_{0j} \quad (7-4)$$

公式（7－3）中，β_{0j}为截距，r_{ij}为随机差异。公式（7－4）中，γ_{00}是β_{0j}的平均值，μ_{0j}为γ_{00}的随机差异。

（3）完整模型（截距模型/斜率模型）

截距模型用以检验 Level2 变量对 *EID* 是否有直接影响，而斜率模型则是通过分析 Level2 变量对β_{ij}是否有影响，来检验 Level2 变量是否有调节作用。对每个省份的公司进行回归分析，例如对 j 省，模型设定如下：

$$\text{Level1}: EID_{ij} = \beta_{0j} + \beta_{1j}Size + \beta_{2j}ROE + \beta_{3j}Lev + \beta_{4j}State + \beta_{5j}OC + r_{ij} \quad (7-5)$$

$$\text{Level2}: \beta_{0j} = \gamma_{00} + \gamma_{01}TDCZ + \mu_{0j} \quad (7-6)$$

$$\text{Level2}: \beta_{ij} = \gamma_{i0} + \gamma_{i1}TDCZ + \mu_{ij}, i = 1,2,3,4,5 \quad (7-7)$$

$$Var(\mu_{0j}) = \tau_{00}, Var(\mu_{ij}) = \tau_{ii} \quad (7-8)$$

公式（7－5）中，β_{0j}为截距，$\beta_{ij}(i=1,2,3,4,5)$是斜率，r_{ij}为随机差异。公式（7－6）（7－7）中，γ_{00}是β_{0j}的平均值，γ_{i0}是β_{ij}的平均值，μ_{0j}和μ_{ij}分别是β_{0j}和β_{ij}的随机差异，代表第二层之间的差异。*TDCZ* 是公司个体 i 的省级层面解释变量，γ_{01}是截距模型的回归系数，代表省级层面解释变量（*TDCZ*）对第一层截距β_{0j}的效应，从而检验 Level2 变量（*TDCZ*）对 *EID* 的直接影响。γ_{i1}是斜率模型的回归系数，代表省级层面解释变量（*TDCZ*）对第一层斜率

β_{ij}的效应，用以检验 Level2 变量对 *EID* 的调节作用。τ_{00} 和τ_{ij}是第一层的截距和第一层的斜率在第二层省份间的残差方差。

模型的逻辑关系如图 7－1 所示。

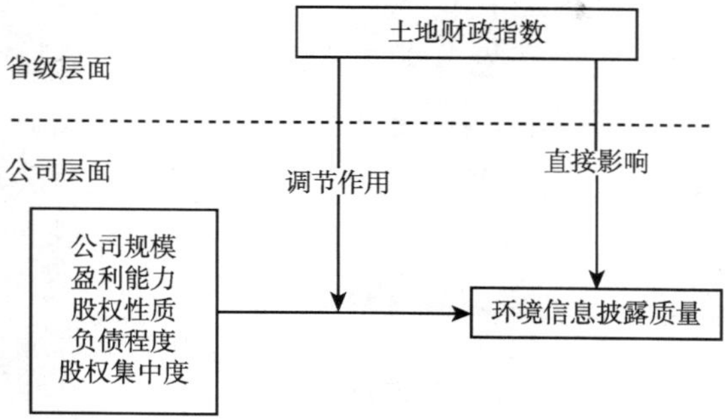

图 7－1　区域财政竞争、公司特征与企业环境信息披露理论模型

7.5　实证分析与检验

7.5.1　统计性描述

由表 7－2 可知，企业环境信息披露质量（*EID*）总分应为 27 分，样本企业平均得分为 5.77 分，最高得分为 19 分，最低得分为 1 分，标准差为 3.25。说明我国上市公司整体环境信息披露水平较低，且信息质量差别较大。在选取的 1717 家样本上市公司中，国有控股比例达到 44%。说明我国近半数的重污染行业上市公司有国有控股的背景。第一层其余解释变量 *ROE*、*Lev*、*OC* 的均值分别为 0.06、0.45 和 0.37，说明重污染行业上市公司整体盈利能力较弱、负债程度较高且股权集中度较高。第二层解释变量土地财政指标（*TDCZ*）均值为 0.32，最大值为 0.69，最小值为 0.13，说明我国各省之间土地财政收入差距较大，其中浙江土地财政收入最高，土地财政占比高达69%；新疆土地财政收入最低，占比为13%。

7.5.2 相关性分析

表7-3列示了模型中第一层解释变量和被解释变量之间的相关性。由表7-3可知，公司规模、盈利能力、负债程度、股权性质、股权集中度和环境信息披露质量在1%的显著性水平上显著相关，说明自变量指标选取恰当。除公司规模和负债程度相关系数为0.48，属于中度相关，其余解释变量之间相关性较低，解释变量之间不存在共线性，变量选取具有合理性。

表7-3 相关性分析

	EID	*Size*	*ROE*	*Lev*	*OC*	*State*
EID	1					
Size	0.300***	1				
ROE	-0.091***	0.061**	1			
Lev	0.282***	0.480***	-0.280***	1		
OC	0.113***	0.295***	0.061**	0.053**	1	
State	0.256***	0.387***	-0.075***	0.349***	0.178***	1

注：这里的***代表 $p<0.01$、**代表 $p<0.05$、*代表 $p<0.1$。

7.5.3 回归分析

(1) 零模型回归分析

零模型是建立随机模型和完整模型的基础。零模型通过计算组内相关系数（*ICC*）确定组间差异，将总差异分解为组内差异和组间差异。若差异较大，则使用多层线性模型较为合理。据表7-4可知，$ICC=0.816/(0.816+9.839)=0.0766$，根据Cohen（1988）可知属中等关联程度，不可忽略组间差异影响，选择HLM模型较为适合。

表7-4　零模型分析

	零模型
固定效应	
各省EID平均得分（β_0）	
截距项（γ_{00}）	5.952*** (0.190)
方差成分	
第二层省份间	
省份间EID随机方差（τ_{00}）	0.816***
第一层省内随机方差（σ^2）	9.839
离异数（-2LL）	8848.76

注：这里的***代表 $p<0.01$、**代表 $p<0.05$、*代表 $p<0.1$。

（2）随机模型和完整模型分析

随机模型检验第一层解释变量对环境信息披露的直接影响，由表7-5可知，回归结果均通过了显著性检验。企业性质和环境信息披露呈正相关，企业规模和环境信息披露呈正相关，企业盈利能力和环境信息披露呈负相关，企业负债程度和环境信息披露呈正相关，企业股权集中度和环境信息披露呈正相关，假设1.1—1.5成立。

表7-5　随机模型和完整模型分析

		随机模型		完整模型	
		参数估计	标准误	参数估计	标准误
各省*EID*平均得分（β_0）	截距项（γ_{00}）	-5.404*	(1.973)	-9.069*	(4.117)
	TDCZ（γ_{01}）			11.862	(10.646)
*State*斜率模型（β_1）	截距项（γ_{10}）	0.845***	(0.211)	1.410**	(0.430)
	TDCZ（γ_{11}）			-1.726+	(0.993)
*Size*斜率模型（β_2）	截距项（γ_{20}）	1.001***	(0.227)	1.424***	(0.477)
	TDCZ（γ_{21}）			-1.389	(1.209)

续表

		随机模型		完整模型	
		参数估计	标准误	参数估计	标准误
ROE 斜率模型（β_3）	截距项（γ_{30}）	-1.149*	(0.483)	-5.179***	(1.235)
	TDCZ（γ_{31}）			12.567***	(3.405)
Lev 斜率模型（β_4）	截距项（γ_{40}）	1.736**	(0.563)	0.801	(1.325)
	TDCZ（γ_{41}）			3.056	(2.837)
OC 斜率模型（β_5）	截距项（γ_{50}）	1.343+	(0.726)	1.050	(1.856)
	TDCZ（γ_{51}）			1.237	(5.483)
方差成分		参数估计	标准差	参数估计	标准差
第二层省份间 各省 *EID* 平均得分（τ_{00}）		47.189	(6.869)	58.495	(7.648)
State 斜率（τ_{11}）		0.703	(0.838)	0.665	(0.815)
Size 斜率（τ_{22}）		0.624*	(0.790)	0.763*	(0.874)
ROE 斜率（τ_{33}）		1.854	(1.361)	0.526+	(0.725)
Lev 斜率（τ_{44}）		3.550**	(1.884)	4.920**	(2.218)
OC 斜率（τ_{55}）		8.483**	(2.913)	10.244**	(3.200)
第一层省内随机方差（σ^2）		8.257	(2.874)	8.210	(2.865)
离异数（-2LL）		8590.579		8559.548	

注：这里的***代表 $p<0.001$；**代表 $p<0.01$；*代表 $p<0.05$；+代表 $p<0.1$。括号内为标准误。

完整模型检验第二层变量土地财政指数对环境信息披露的直接和间接影响。截距模型显示土地财政指数和环境信息披露质量呈负相关，但不显著（$\gamma_{01}=11.862$，$p=0.275$）；斜率模型显示土地财政指数和环境信息披露质量呈负向调节关系，影响显著。具体而言，土地财政指数通过调节第一层控制变量中企业性质和盈利能力，间接负向影响企业环境信息披露质量，假设2成立。

第一层解释变量中，企业性质与环境信息披露质量呈正相关关系。当加入第二层区域财政竞争解释变量时，土地财政指数对这种正相关关系起到负向调节作用，即区域财政竞争削弱了原本企业披露环境信息的质量。

第一层解释变量中，盈利能力与企业环境信息披露质量呈负相关关系。当加入第二层区域财政竞争解释变量时，土地财政指数对这种负相关关系起到正向调节作用，即强化了企业本就不愿披露环境信息质量的问题。这种区域财政竞争和企业环境信息披露负相关的现象，可由环境规制的“逐底竞争”理论解释，即当地方政府出于获得区域竞争优势而依赖土地财政行为时，相继放松环境方面规制可为其争取区域投资减少阻力，从而削弱了辖区内上市公司环境信息自愿披露的意愿，最终导致企业环境信息披露质量降低。

（3）稳健型检验

研究中通过改变土地财政的计算方法进行稳健性检验。用省级国有建设用地出让情况成交价款除以地方政府财政税收收入，替换原有土地财政指标数值。利用HLM模型重新测算土地财政指标对环境信息披露的影响，随机模型和完整模型测算结果如表7-6所示，研究结果仍然支持原有结论。即土地财政指标通过负向调节股权性质、盈利能力指标对环境信息披露起到间接影响。因此，本章的结果通过稳健性检验。

表7-6　　稳健性检验

		随机模型		完整模型	
		参数估计	标准误	参数估计	标准误
各省 *EID* 平均得分（β_0）	截距项（γ_{00}）	-5.404*	(1.973)	-9.478*	(4.401)
	TDCZ（γ_{01}）			0.984	(0.909)
State 斜率模型（β_1）	截距项（γ_{10}）	0.845***	(0.211)	1.559**	(0.460)
	TDCZ（γ_{11}）			-0.162+	(0.090)
Size 斜率模型（β_2）	截距项（γ_{20}）	1.001***	(0.227)	1.491**	(0.499)
	TDCZ（γ_{21}）			-0.120	(0.099)

续表

		随机模型		完整模型	
		参数估计	标准误	参数估计	标准误
ROE 斜率模型（β_3）	截距项（γ_{30}）	-1.149*	(0.483)	-5.145**	(1.459)
	TDCZ（γ_{31}）			0.939**	(0.311)
Lev 斜率模型（β_4）	截距项（γ_{40}）	1.736**	(0.563)	0.496	(1.388)
	TDCZ（γ_{41}）			0.295	(0.240)
OC 斜率模型（β_5）	截距项（γ_{50}）	1.343+	(0.726)	0.504	(1.719)
	TDCZ（γ_{51}）			0.214	(0.583)
方差成分		参数估计	标准差	参数估计	标准差
第二层省份间 各省 *EID* 平均得分（τ_{00}）		47.189	(6.869)	57.471	(7.581)
State 斜率（τ_{11}）		0.703	(0.838)	0.649	(0.806)
Size 斜率（τ_{22}）		0.624*	(0.790)	0.746*	(0.864)
ROE 斜率（τ_{33}）		1.854	(1.361)	0.692	(0.831)
Lev 斜率（τ_{44}）		3.550**	(1.884)	4.534**	(2.130)
OC 斜率（τ_{55}）		8.483**	(2.913)	9.974**	(3.158)
第一层省内随机方差（σ^2）		8.257	(2.874)	8.212	(2.866)
离异数（-2LL）		8590.579		8590.019	

注：这里的***代表 $p<0.001$；**代表 $p<0.01$；*代表 $p<0.05$；+代表 $p<0.1$。括号内为标准误。

7.5.4 进一步分析

数据表明，区域财政竞争全国平均数为32%，表示我国一般预算收入中32%份额来自土地出让金收入。本章剔除上海、海南、西藏、香港、澳门、台湾后，全样本共包含28个省级数据。本文将全样本数据分为两组子样本，依据高于和低于平均数32%分类（见表7-7），并对两组子样本分别进行研究。第一组是财政竞争程度高组别，包括重庆、安徽、福建、贵州、河北、河南、江苏、江西、辽宁、山东、四川、云南、浙江。在这一组中地方财政竞争最高的省份是浙江，其土地财政占比指数高达 69%。第二组是财政竞争程度低组别，包括上海、天津、甘肃、广东、广西、黑龙江、湖北、湖南、吉林、内蒙古、宁夏、青海、山西、陕西、新疆。在第二组中，地方财政竞争最高的省份是广西，其土地财政指数为 31%；地方财政竞争最低的省份是新疆，其土地财政指数仅为 13%。

表 7-7　　区域财政竞争程度分组表

组别	省份及其土地财政指数
第一组（区域竞争程度高）	重庆（46%）、安徽（48%）、福建（41%）、贵州（34%）、河北（38%）、河南（33%）、江苏（50%）、江西（37%）、辽宁（55%）、山东（45%）、四川（35%）、云南（40%）、浙江省（69%）
第二组（区域竞争程度低）	上海（14%）、天津（23%）、甘肃（26%）、广东（16%）、广西（31%）、黑龙江（26%）、湖北（20%）、湖南（30%）、吉林（16%）、内蒙古（26%）、宁夏（27%）、青海（17%）、山西（18%）、陕西（18%）、新疆（13%）

对第一组子样本运用 HLM 模型计算结果见表 7-8。研究表明，在财政竞争程度高组别，企业性质、盈利能力指标都通过了检验（$\gamma_{11}=-2.678$，$\gamma_{31}=17.676$）。说明财政竞争对企业环境信息披露质量具有间接负面影响，其影响是通过对企业性质和盈利能力传导。研究结论支持上述全样本测算结果，即土地财政指标通过对企业性质和盈利能力的影响间接负向调节环境信息披露质量。

表 7-8　　随机模型和完整模型分析结果（第一组）

项目	参数	随机模型		完整模型	
		参数估计	标准误	参数估计	标准误
各省 *EID* 平均得分（β_0）	截距项（γ_{00}）	-2.655	(3.227)	6.829	(15.015)
	TDCZ（γ_{01}）			-20.982	(28.965)
State 斜率模型（β_1）	截距项（γ_{10}）	0.639*	(0.231)	1.841*	(0.793)
	TDCZ（γ_{11}）			-2.678+	(1.458)

续表

项目	参数	随机模型		完整模型	
		参数估计	标准误	参数估计	标准误
Size 斜率模型（β_2）	截距项（γ_{20}）	0.685 +	(0.377)	-0.373	(1.746)
	TDCZ（γ_{21}）			2.340	(3.275)
ROE 斜率模型（β_3）	截距项（γ_{30}）	-0.665	(0.590)	-8.084 ***	(1.683)
	TDCZ（γ_{31}）			17.676 ***	(4.924)
Lev 斜率模型（β_4）	截距项（γ_{40}）	1.819 *	(0.689)	-1.190	(2.722)
	TDCZ（γ_{41}）			6.542	(4.886)
OC 斜率模型（β_5）	截距项（γ_{50}）	2.405 +	(1.182)	9.920 +	(4.607)
	TDCZ（γ_{51}）			-16.764 +	(8.635)
方差成分		参数估计	标准差	参数估计	标准差
第二层省份间 各省 *EID* 平均得分（τ_{00}）		93.165	(9.652)	108.143	(10.399)
State 斜率（τ_{11}）		0.368	(0.606)	0.356	(0.597)
Size 斜率（τ_{22}）		1.310 *	(1.145)	1.518 **	(1.232)
ROE 斜率（τ_{33}）		1.928	(1.389)	1.328	(1.152)
Lev 斜率（τ_{44}）		2.476 +	(1.573)	3.482	(1.866)
OC 斜率（τ_{55}）		14.288 ***	(3.780)	13.259 ***	(3.641)
第一层省内随机方差（σ^2）		8.214	(2.866)	8.194	(2.862)
离异数（-2LL）		4979.351		4944.330	

注：这里的 *** 代表 $p<0.001$；** 代表 $p<0.01$；* 代表 $p<0.05$；+ 代表 $p<0.1$。括号内为标准误。

对第二组子样本运用 HLM 模型测算，随机模型和完整模型结果见表 7-9。可知在财政竞争程度低组别，所有指标都未通过检验。表明财政竞争对企业环境信息披露质量的影响不显著，不能通过第一层变量间接影响企业环境信息披露质量。对比第一组和第二组子样本数据的回归结果可知，财政竞争程度越高，对企业环境信息披露的负向影响越显著。

表7-9　随机模型和完整模型分析结果（第二组）

项目	参数	随机模型		完整模型	
		参数估计	标准误	参数估计	标准误
各省 *EID* 平均得分（β_0）	截距项（γ_{00}）	-8.180	(2.466)	-13.494	(8.198)
	TDCZ（γ_{01}）			27.159	(41.961)
State 斜率模型（β_1）	截距项（γ_{10}）	1.056**	(0.324)	1.317	(0.57)
	TDCZ（γ_{11}）			-1.243	(5.116)
Size 斜率模型（β_2）	截距项（γ_{20}）	1.301***	(0.270)	1.963*	(0.841)
	TDCZ（γ_{21}）			-3.350	(4.182)
ROE 斜率模型（β_3）	截距项（γ_{30}）	-2.866***	(0.629)	-5.077+	(2.774)
	TDCZ（γ_{31}）			10.150	(11.213)
Lev 斜率模型（β_4）	截距项（γ_{40}）	1.968+	(1.015)	-1.376	(2.888)
	TDCZ（γ_{41}）			15.731	(15.033)
OC 斜率模型（β_5）	截距项（γ_{50}）	0.601	(0.930)	-1.477	(3.231)
	TDCZ（γ_{51}）			10.108	(16.344)
方差成分		参数估计	标准差	参数估计	标准差
第二层省份间 各省 *EID* 平均得分（τ_{00}）		38.417	(6.198)	44.293	(6.655)
State 斜率（τ_{11}）		1.184	(1.088)	1.329	(1.153)
Size 斜率（τ_{22}）		0.373	(0.611)	0.426	(0.653)
ROE 斜率（τ_{33}）		2.212	(1.487)	1.952	(1.397)
Lev 斜率（τ_{44}）		10.924***	(3.305)	11.655**	(3.414)
OC 斜率（τ_{55}）		7.792	(2.791)	8，423	(2.902)
第一层省内随机方差（σ^2）		8.070	(2.840)	8.107	(2.847)
离异数（-2LL）		3579.265		3540.397	

注：这里的***代表 $p<0.001$；**代表 $p<0.01$；*代表 $p<0.05$；+代表 $p<0.1$。括号内为标准误。

此外，将全样本数据的结果和第一组子样本的结果进行对比，本章发现，第一组样本对企业环境信息披露的负向影响程度更大。

全样本数据中，土地财政指标对企业性质和盈利能力调节系数分别为 $\gamma_{11}=-1.726$、$\gamma_{31}=12.567$（表 7-5）；第一组样本数据中，土地财政指标对企业性质和盈利能力调节系数分别为 $\gamma_{11}=-2.678$、$\gamma_{31}=17.676$（表 7-8），大于全样本数据的 γ_{11}、γ_{31} 系数。因此，财政竞争程度越高，企业越倾向于减少披露环境信息，这一结果同样可用环境规制“逐底竞争”理论进行解释。

7.6 本章小结

基于政治经济学合法性理论和环境规制“逐底竞争”理论等，本章选取沪深 A 股重污染行业上市公司为研究对象，运用分层线性回归模型研究了公司特征（公司规模、股权性质、盈利能力、股权结构等）对公司环境信息披露的直接影响，同时研究了区域财政竞争对企业环境信息披露的直接和间接作用。主要结论如下：

第一，公司层面不同特征对企业环境信息披露的影响不一。随机模型结果表明，规模越大的企业越倾向于披露环境信息，国有企业倾向于披露更多的环境信息，盈利能力越好的公司会披露更多的环境信息，负债程度越高的公司越倾向于披露更多的环境信息，股权集中度越高的企业越倾向于披露更多的信息。

第二，区域财政竞争对企业环境信息披露存在显著影响。完整模型结果表明，虽然区域财政竞争对企业环境信息披露的直接负向影响不显著，但是区域财政竞争对环境信息披露的负向间接作用显著。土地财政竞争与辖区企业环境信息披露质量存在负相关关系，企业股权性质和盈利能力这种关系起到反向调节作用。

第三，区域财政竞争程度对环境信息披露质量影响不同。研究发现，区域财政竞争程度越高，对企业环境信息披露的影响越显著，证实了财政竞争程度对企业环境信息披露的影响作用。

第 8 章 研究结论与展望

8.1　研究结论

8.1.1　企业层面

（1）高管参军经历与环境信息披露

以 2007—2016 年 A 股上市公司为研究样本，探讨高管的参军经历与企业环境信息披露之间的关系，主要结论如下：

第一，参军高管所在的企业环境信息披露质量更低。参军高管具备更弱的环境信息披露动机，且可能并未意识到环境信息披露的重要性。第二，参军高管所在的企业会披露更少的硬环境信息。第三，董事长与总经理与企业环境信息披露之间的显著效果不同，这可能主要由高管的职位效应引起。

（2）高管同乡关系与环境信息披露

以中国 2012—2017 年上市公司为样本，实证检验了董事长与总经理的同乡关系对企业环境信息披露质量的影响。主要研究结论为：

第一，在企业环境信息披露决策中，具有同乡关系的董事长与总经理更倾向于从“利己”动机出发，维护个体层面的关系和谐，因此降低了企业环境信息披露的质量。第二，通过分组检验发现，同乡关系的抑制作用在民营企业、低市场化水平和男性高管组合中更为明显。第三，通过检验调节效应发现，同乡关系对企业环境信息披露质量产生影响会因同乡商会的“信任圈”和地形特征的不同产生差异。

8.1.2 媒体层面

（1）媒体报道与环境信息披露

通过改进的内容分析法对315家上市公司2016年年报中环境信息披露状况、媒体的环境相关报道以及各地政府对当地企业的环境信息的监管之间的关系进行实证分析。研究结论如下：

第一，媒体报道能够显著促进企业总体环境信息披露水平的提高，但并不能提高披露的质量；媒体的负面报道会在更大程度上提高企业的环境信息披露水平。第二，地方政府对环境信息公开的监管力度对企业总体环境信息披露水平的影响并不显著。第三，随着地方政府对企业环境信息公开监管力度的加大，媒体对于企业的关注度随之下降，从而导致媒体报道数量对企业总体环境信息披露水平与环境信息披露数量的促进作用被削弱。

（2）网络关注与环境信息披露

选取2013—2017年沪深A股的重污染行业上市公司，参考现有文献构建了环境信息披露质量的指标评价体系，选取了媒体关注和投资者关注的替代变量，实证研究了媒体关注、投资者关注对企业环境信息披露质量的影响。研究表明：

第一，媒体关注与投资者关注对企业整体环境信息披露质量具有显著正向影响。第二，相较于硬披露，环境信息软披露受到媒体关注和投资者关注的影响更为显著。第三，通过逐步回归法进行中介检验发现，投资者关注在媒体关注对企业披露行为的影响过程中具有显著的部分中介作用。这说明媒体关注对企业环境信息披露质量的一部分影响是通过投资者关注实现的。因此，媒体关注既可以直接作用于企业环境信息披露，也可以通过投资者关注间接作用于企业披露行为。

8.1.3 政府层面

基于政治经济学合法性理论和环境规制“逐底竞争”理论等，选取2012—2014年A股八大重污染行业上市公司为研究对象，运用分层线性回归模型，研究了公司特征和区域财政竞争对企业环境信息披露的作用，研究结论如下：

第一，公司层面不同特征对企业环境信息披露的影响不一。第二，区域财政竞争对企业环境信息披露存在显著影响。虽然区域财政竞争对企业环境信息披露的直接负向影响不显著，但是区域财政竞争对环境信息披露的负向间接作用显著。第三，区域财政竞争程度越高，对企业环境信息披露的影响越显著。

8.2 研究局限性与后续展望

8.2.1 研究不足

本书从企业、媒体和政府不同主体角度，分析了企业环境信息披露行为的影响因素，既纳入了高管参军经历、高管同乡关系、网络关注等前沿话题，又从传统的单因素影响研究纳入体系化的多因素影响研究。尽管如此，研究仍然存在以下不足。

第一，内容方面。首先，未能综合考虑传统媒体与网络媒体的互动关系，媒体深度融合对公司治理的作用有待检验。其次，未能检验环境规制这类正式制度与媒体关注这类非正式制度对企业环境管理的共同影响。

第二，方法方面。首先，高管参军经历与公司治理的研究更适合采用问卷调查和案例分析方法。其次，媒体报道具有时效性，对公司行为决策的影响程度会随时间发生变化，现行以年度为区间的数据分析有待完善。

第三，数据方面。首先，环境信息披露数据在采集过程中可能存在遗漏，且评价具有一定主观性。其次，在高管同乡关系的分析中，高管之间隐藏的社会关联难以得到有效排除。

8.2.2 未来研究方向

本书从高管、媒体和政府不同主体角度分析了企业环境信息披露行为的影响机制，并提出了针对性的对策建议。随着各主体研究的不断深入，与环境信息披露行为的研究还可以从以下三个方面深入展开。

第一，中国情境的制度和文化与企业环境信息披露行为的研究。一方面，高管特征方面，考虑高管更多的文化背景；另一方面，立足国情，结合特有的制度环境、哲学理念与文化价值观，探索我国企业履行环境责任的特质性内部影响因素。

第二，互联网时代的社交媒体与企业环境信息披露行为的研究。互联网技术的深入和广泛应用，改变了企业信息的披露方式、传播途径、传播速度、影响范围和影响力度。从社交媒体角度解释企业环境信息披露行为的研究，相对空白。因此，结合信息学、传播学、环境学、网络学等相关学科理论，对比与传统媒体的差别，研究互联网时代的社交媒体的环境治理作用是未来重要方向之一。

第三，绿色发展下的地方政府环境态度变化对企业环境信息披露行为的影响研究。党的十八大将生态文明建设纳入“五位一体”的总体布局，绿色 GDP 纳入地方政府考核体系，由此带来地方政府环境态度的变化。因此，从绿色政府绩效的角度，研究地方政府环境态度变化对企业环境责任履行的影响可能是未来研究方向之一。

参考文献

[1] 毕茜，彭珏，左永彦．环境信息披露制度，公司治理和环境信息披露［J］．会计研究，2012（7）：39－47.

[2] 毕茜，顾立盟，张济建．传统文化、环境制度与企业环境信息披露［J］．会计研究，2015（3）：12－19，94.

[3] 蔡宁．社会关系网络与公司财务研究述评［J］．厦门大学学报（哲学社会科学版），2018（4）：38－46.

[4] 蔡宁，何星．社会网络能够促进风险投资的“增值”作用吗？——基于风险投资网络与上市公司投资效率的研究［J］．金融研究，2015（12）：178－193.

[5] 晁罡，石杜丽，申传泉，等．新媒体时代企业社会责任对声誉修复的影响研究［J］．管理学报，2015（11）：1678－1686.

[6] 陈共荣，马宁，李琦山．环境绩效信息披露质量与公司治理结构相关性的实证研究［J］．学术论坛，2011（9）：150－155.

[7] 陈海兵．我国军人权益保障问题研究［D］．苏州大学，2017.

[8] 陈家建，张琼文．政策执行波动与基层治理问题［J］．社会学研究，2015（3）：23－45.

[9] 陈柯甫．军人 CEO 与企业决策［D］．重庆大学，2017.

[10] 陈仕华，姜广省，卢昌崇．董事联结、目标公司选择与并购绩效——基于并购双方之间信息不对称的研究视角［J］．管理世界，2013（12）：117－132.

[11] 陈璇，钱维．新《环保法》对企业环境信息披露质量的

影响分析［J］. 中国人口·资源与环境，2018（12）：76－86.

［12］陈运森，谢德仁. 网络位置、独立董事治理与投资效率［J］. 管理世界，2011（7）：113－127.

［13］陈运森，谢德仁. 董事网络、独立董事治理与高管激励［J］. 金融研究，2012（2）：172－186.

［14］程隆云，李志敏，马丽. 企业环境信息披露影响因素分析［J］. 经济与管理研究，2011（11）：83－90.

［15］程娜. 高管政府背景、地方政府环境规制差异与环境信息选择性披露［D］. 中国矿业大学，2015.

［16］程臻宇. 论中国同级地方政府竞争［D］. 山东大学，2007.

［17］戴鑫，毛江华，王武，等. 组织合法性理论视角下的社会和环境披露研究评述［J］. 管理学报，2011（9）：1405－1412.

［18］戴亦一，肖金利，潘越. "乡音"能否降低公司代理成本？——基于方言视角的研究［J］. 经济研究，2016（12）：147－160，186.

［19］邓宝贤. 我国财政分权体制下地方政府竞争行为研究［D］. 西北大学，2012.

［20］邓国胜. 中国环保 NGO 发展指数研究［J］. 中国非营利评论，2010（2）：200－212.

［21］邓玉萍，许和连. 外商直接投资，地方政府竞争与环境污染——基于财政分权视角的经验研究［J］. 中国人口·资源与环境，2013（7）：155－163.

［22］杜建国，马浩文，金帅. 上市公司环境信息披露与公众投资者的演化博弈分析［J］. 工业技术经济，2017（1）：152－160.

［23］杜兴强，熊浩. 董事长—总经理老乡关系与研发投入［J］. 投资研究，2017（9）：60－82.

［24］方明，徐秋月，张文琪，等. 高管薪酬结构对上市公司

自愿性环境信息披露的影响——基于高管团队异质性的调节作用［J］. 财会月刊，2018（10）：28－36.

［25］方颖，郭俊杰. 中国环境信息披露政策是否有效：基于资本市场反应的研究［J］. 经济研究，2018（10）：158－174.

［26］费孝通. 乡土中国［M］. 北京：人民出版社，2008.

［27］封志明，唐焰，杨艳昭，等. 中国地形起伏度及其与人口分布的相关性［J］. 地理学报，2007（10）：1073－1082.

［28］冯兴元，刘会荪. 论我国地方市场分割与地方保护［J］. 国家行政学院学报，2002（4）：26－32.

［29］郭栋，胡业飞. 地方政府竞争：一个文献综述［J］. 公共行政评论，2019（3）：156－173，193－194.

［30］郭长娟，匡紫航，王学斌. 高管校友关系与公司委托代理成本［J］. 南方金融，2018（9）：16－23.

［31］何爱平，安梦天. 地方政府竞争，环境规制与绿色发展效率［J］. 中国人口·资源与环境，2019（3）：21－30.

［32］何丽梅，侯涛. 环境绩效信息披露及其影响因素实证研究——来自我国上市公司社会责任报告的经验证据［J］. 中国人口·资源与环境，2010（8）：99－104.

［33］何贤杰，王孝钰，孙淑伟，等. 网络新媒体信息披露的经济后果研究——基于股价同步性的视角［J］. 管理科学学报，2018（6）：43－59.

［34］何贤杰，王孝钰，赵海龙，等. 上市公司网络新媒体信息披露研究：基于微博的实证分析［J］. 财经研究，2016（3）：16－27.

［35］胡建国，裴豫. 中国公众环境意识变化及其影响因素——基于后物质主义理论视角的研究［J］. 晋阳学刊，2019（3）：101－107.

［36］胡建雄. 同乡关系与企业投资效率——来自中国上市公

司的经验证据［J］．山西财经大学学报，2020（1）：98－112.

［37］胡静，傅学良．环境信息公开立法的理论与实践［M］．北京：中国法制出版社，2011.

［38］胡军，王甄．微博、特质性信息披露与股价同步性［J］．金融研究，2015（11）：190－206.

［39］胡幸．CEO与董事的前同事关系对于公司并购绩效的影响［D］：厦门大学，2018.

［40］黄河，刘琳琳．环境议题的传播现状与优化路径——基于传统媒体和新媒体的比较分析［J］．国际新闻界，2014（1）：90－102.

［41］黄珺，李蕊．网络媒体在企业社会责任中的议程设置效果——基于新浪微博平台的准实验研究［J］．管理现代化，2019（2）：67－70.

［42］黄珺，周春娜．股权结构、管理层行为对环境信息披露影响的实证研究——来自沪市重污染行业的经验证据［J］．中国软科学，2012（1）：133－143.

［43］黄溶冰，陈伟，王凯慧．外部融资需求、印象管理与企业漂绿［J］．经济社会体制比较，2019（3）：81－93.

［44］黄勇，彭纪生．组织印记研究回顾与展望［J］．南大商学评论，2014（3）：119－139.

［45］贾明，张喆．高管的政治关联影响公司慈善行为吗?［J］．管理世界，2010（4）：99－113.

［46］姜永志，张海钟．老乡观念的结构及问卷编制［J］．心理研究，2010（4）：63－69.

［47］姜永志，张海钟，张鹏英．中国老乡心理效应的理论探索与实证研究［J］．心理科学进展，2012（8）：1237－1242.

［48］蒋尧明，陈力维．高管党员身份、法治环境和企业社会责任信息披露［J］．会计之友，2019（12）：112－119.

[49] 孔庆洋，张成，闵继胜．信任与激励：上市公司高管的地缘关系与高质量信息披露 [J]. 重庆大学学报（社会科学版），2021，27（2）：67－81.

[50] 赖黎，巩亚林，马永强．管理者从军经历、融资偏好与经营业绩 [J]. 管理世界，2016（8）：126－136.

[51] 赖黎，巩亚林，夏晓兰，等．管理者从军经历与企业并购 [J]. 世界经济，2017（12）：141－164.

[52] 黎文靖，路晓燕．机构投资者关注企业的环境绩效吗？——来自我国重污染行业上市公司的经验证据 [J]. 金融研究，2015（12）：97－112.

[53] 李朝芳．地区经济差异、企业组织变迁与环境会计信息披露——来自中国沪市污染行业 2009 年度的经验数据 [J]. 审计与经济研究，2012（1）：68－78.

[54] 李继志，梁梓淇．管理层治理对环境信息披露质量的影响——以我国纺织业为例 [J]. 会计之友，2018（18）：62－66.

[55] 李强，冯波．环境规制、政治关联与环境信息披露质量——基于重污染上市公司经验证据 [J]. 经济与管理，2015（4）：58－66.

[56] 李强，李恬．产品市场竞争、环境信息披露与企业价值 [J]. 经济与管理，2017（4）：68－76.

[57] 李强，王圣营．央企高管政治晋升预期与环境信息披露质量——基于重污染行业的实证研究 [J]. 北京理工大学学报（社会科学版），2019（6）：22－30.

[58] 李强，朱杨慧．外部压力、公司治理与环境信息披露质量——基于煤炭行业上市公司的实证检验 [J]. 经济与管理，2014（3）：68－73.

[59] 李世刚．女性高管、过度投资与企业价值——来自中国资本市场的经验证据 [J]. 经济管理，2013（7）：74－84.

[60] 李姝，肖秋萍．企业社会责任、投资者行为与股票流动性 [J]. 财经问题研究，2012 (3)：24－31.

[61] 李恬．高管超额薪酬、公司治理与环境信息披露 [D]. 中国矿业大学，2018.

[62] 李晚金，匡小兰，龚光明．环境信息披露的影响因素研究——基于沪市201家上市公司的实证检验 [J]. 财经理论与实践，2008 (3)：47－51.

[63] 李文贵，余明桂．所有权性质、市场化进程与企业风险承担 [J]. 中国工业经济，2012 (12)：115－127.

[64] 李郇，洪国志，黄亮雄．中国土地财政增长之谜——分税制改革，土地财政增长的策略性 [J]. 经济学（季刊），2013 (4)：1141－1160.

[65] 李余晓璐．我国企业环境信息披露的现状及影响因素研究 [D]. 暨南大学，2011.

[66] 李志青．上市公司环境信息披露总体不理想 [J]. 环境经济，2019 (2)：24－25.

[67] 林文益．论我国市场发展中的地方保护主义问题 [J]. 经济学家，1990 (3)：5－13.

[68] 刘诚，杨继东，周斯洁．社会关系、独立董事任命与董事会独立性 [J]. 世界经济，2012，35 (12)：83－101.

[69] 刘锋，叶强，李一军．媒体关注与投资者关注对股票收益的交互作用：基于中国金融股的实证研究 [J]. 管理科学学报，2014 (1)：76－89.

[70] 刘海龙，齐琪．媒体类型与企业社会责任治理：一个文献综述 [J]. 管理现代化，2017 (2)：122－126.

[71] 刘汉屏，刘锡田．地方政府竞争：分权、公共物品与制度创新 [J]. 改革，2003 (6)：23－28.

[72] 刘建民，陈霞，吴金光．财政分权，地方政府竞争与环

境污染——基于272个城市数据的异质性与动态效应分析［J］. 财政研究，2015（9）：36－43.

［73］刘津汝. 财政分权，外商直接投资与污染避难所假说——基于省级动态面板数据的研究［J］. 统计与信息论坛，2013（11）：60－65.

［74］刘凌波，丁慧平. 乡镇工业环境保护中的地方政府行为分析［J］. 管理世界，2017（11）：158－159.

［75］刘茂杰. 引领军队思想政治建设的科学指南［N］. 人民日报，2013－09－30.

［76］刘儒昞. 企业环境信息披露影响因素实证分析：2010—2011年A股重污染行业上市公司观察［J］. 财务与金融，2014（2）：82－90.

［77］刘思敏. 上市公司环境信息披露制度法律问题研究［D］. 湖南大学，2013.

［78］刘佟. 高管团队内薪酬差距、政治关联与环境信息披露质量［D］. 中国矿业大学，2017.

［79］刘学之，常艳蕊，石展. 上市公司环境信息披露调查研究——基于公司高管的访谈［J］. 中国环境管理，2019（5）：47－52.

［80］卢洪友，龚锋. 政府竞争、“攀比效应”与预算支出受益外溢［J］. 管理世界，2007（8）：12－22.

［81］卢洪友，袁光平，陈思霞，等. 土地财政根源：“竞争冲动”还是“无奈之举”？——来自中国地市的经验证据［J］. 经济社会体制比较，2011（1）：88－98.

［82］卢秋声，干胜道. 基于利益相关者预期的企业环境会计信息披露研究［J］. 广西社会科学，2015（11）：76－83.

［83］陆瑶，胡江燕. CEO与董事间的“老乡”关系对我国上市公司风险水平的影响［J］. 管理世界，2014（3）：131－138.

[84] 陆瑶，胡江燕．CEO 与董事间“老乡”关系对公司违规行为的影响研究［J］．南开管理评论，2016（2）：52－62.

[85] 罗必良．土地城市化与城乡收入差距的实证分析：1978—2008［C］//广东经济学会，市场经济与城市化发展：兼论经济特区 30 周年——广东经济学会 2010 年年会论文集，广东经济学会，2010：114－130.

[86] 吕峻．公司环境披露与环境绩效关系的实证研究［J］．管理学报，2012（12）：1856－1863.

[87] 吕峻，焦淑艳．环境披露、环境绩效和财务绩效关系的实证研究［J］．山西财经大学学报，2011（1）：109－116.

[88] 马海超，周若馨．环境事件市场反应的实证研究——以燃煤发电上市企业为例［J］．山西财经大学学报，2017（9）：1－15.

[89] 麦库姆斯．议程设置：大众媒介与舆论［M］．郭镇之，徐培喜译．北京：北京大学出版社，2008.

[90] 蒙立元，李苗苗，张雅淘．公司治理结构与环境会计信息披露关系实证研究［J］．财会通讯，2010（9）：20－23.

[91] 孟晓华．企业环境信息披露的驱动机制研究［D］．上海交通大学，2014.

[92] 孟晓华，曾赛星，张振波，等．高管团队特征与企业环境责任——基于制造业上市公司的实证研究［J］．系统管理学报，2012（6）：825－834.

[93] 孟晓华，张曾．利益相关者对企业环境信息披露的驱动机制研究——以 H 石油公司渤海漏油事件为例［J］．公共管理学报，2013（3）：90－102，141.

[94] 闵大洪．中国网络媒体 20 年（1994—2014）［M］．北京：电子工业出版社，2016.

[95] 莫冬燕，张颖．双重代理成本视角下微信媒体的公司治理作用研究［J］．郑州大学学报（哲学社会科学版），2017（5）：

37 - 43.

[96] 聂辉华，张雨潇. 分权、集权与政企合谋 [J]. 世界经济，2015 (6)：3 - 21.

[97] 潘安娥，郭秋实. 政府监管与企业环境信息披露——基于高管环保意识的调节作用 [J]. 软科学，2018 (10)：84 - 87.

[98] 潘越，戴亦一，吴超鹏. 社会资本、政治关系与公司投资决策 [J]. 经济研究，2009 (11)：82 - 94.

[99] 潘越，宁博，戴亦一. 宗姓认同与公司治理——基于同姓高管"认本家"情结的研究 [J]. 经济学（季刊），2020 (1)：351 - 370.

[100] 彭聪，申宇，张宗益. 高管校友圈降低了市场分割程度吗？——基于异地并购的视角 [J]. 管理世界，2020，36 (5)：14，154 - 164，180.

[101] 钱士茹，赵斌斌. 经理人家乡情怀与企业代理成本的关系研究 [J]. 软科学，2018 (4)：58 - 62.

[102] 乔志程. 关系文化对企业创新的影响研究 [D]. [博士学位论文]. 暨南大学，2019.

[103] 权小锋，吴世农. 投资者关注、盈余公告效应与管理层公告择机 [J]. 金融研究，2010 (11)：90 - 107.

[104] 权小锋，徐星美，蔡卫华. 高管从军经历影响审计费用吗？——基于组织文化的新视角 [J]. 审计研究，2018 (2)：80 - 86.

[105] 任月君，郝泽露. 社会压力与环境信息披露研究 [J]. 财经问题研究，2015 (5)：88 - 95.

[106] 任月君，张凯华. 公共压力、公司治理与环境成本的相关性研究 [J]. 财经问题研究，2016 (10)：93 - 100.

[107] 沙振权，朱益霞. 高管长短期薪酬与环境信息披露——以制药行业为例 [J]. 财会通讯，2017 (29)：22 - 25.

[108] 申宇，赵玲，吴风云．创新的母校印记：基于校友圈与专利申请的证据［J］．中国工业经济，2017（8）：156－173.

[109] 沈红波，谢越，陈峥嵘．企业的环境保护、社会责任及其市场效应——基于紫金矿业环境污染事件的案例研究［J］．中国工业经济，2012（1）：141－151.

[110] 沈洪涛．公司特征与公司社会责任信息披露——来自我国上市公司的经验证据［J］．会计研究，2007（3）：9－16.

[111] 沈洪涛，冯杰．舆论监督、政府监管与企业环境信息披露［J］．会计研究，2012（2）：72－78.

[112] 沈洪涛，黄珍，郭肪汝．告白还是辩白——企业环境表现与环境信息披露关系研究［J］．南开管理评论，2014（2）：56－63.

[113] 沈洪涛，刘江宏．国外企业环境信息披露的特征、动因和作用［J］．中国人口·资源与环境，2010（S1）：76－80.

[114] 沈洪涛，苏亮德．企业信息披露中的模仿行为研究——基于制度理论的分析［J］．南开管理评论，2012（3）：82－90，100.

[115] 沈立人，戴园晨．我国“诸侯经济”的形成及其弊端和根源［J］．经济研究，1990（3）：12－19.

[116] 沈艳，蔡剑．企业社会责任意识与企业融资关系研究［J］．金融研究，2009（12）：127－136.

[117] 石善冲，朱颖楠，赵志刚，等．基于微信文本挖掘的投资者情绪与股票市场表现［J］．系统工程理论与实践，2018（6）：1404－1412.

[118] 史亚东．公众诉求与我国地方环境法规的实施效果［J］．大连理工大学学报（社会科学版），2018（2）：111－120.

[119] 舒利敏．我国重污染行业环境信息披露现状研究——基于沪市重污染行业620份社会责任报告的分析［J］．证券市场导

报，2014（9）：35－44.

［120］孙广达．高管社会关系与企业 IPO 抑价——基于校友和老乡角度的研究［D］：［硕士学位论文］．济南：山东大学，2019.

［121］孙艳梅，方梦然，阎晴云．新媒体治理与股价崩盘风险研究［J］．商业研究，2018（9）：135－145.

［122］孙烨，孙立阳，廉洁．企业所有权性质与规模对环境信息披露的影响分析——来自上市公司的经验证据［J］．社会科学战线，2009（2）：55－60.

［123］汤亚莉，陈自力，刘星，等．我国上市公司环境信息披露状况及影响因素的实证研究［J］．管理世界，2006（1）：158－159.

［124］唐国平，李龙会．环境信息披露、投资者信心与公司价值——来自湖北省上市公司的经验证据［J］．中南财经政法大学学报，2011（6）：70－77.

［125］唐久芳，李鹏飞．环境信息披露的实证研究——来自中国证券市场化工行业的经验数据［J］．中国人口·资源与环境，2008（5）：112－117.

［126］唐丽萍．我国地方政府竞争中的地方治理研究［D］．复旦大学，2007.

［127］唐云锋，马春华．财政压力、土地财政与“房价棘轮效应”［J］．财贸经济，2017（11）：39－5.

［128］陶然，苏福兵，陆曦，等．经济增长能够带来晋升吗？——对晋升锦标竞赛理论的逻辑挑战与省级实证重估［J］．管理世界，2010（12）：13－26.

［129］陶莹，董大勇．媒体关注与企业社会责任信息披露关系研究［J］．证券市场导报，2013（11）：20－26，33.

［130］万良勇，郑小玲．董事网络的结构洞特征与公司并购［J］．会计研究，2014（5）：67－72.

[131] 汪伟全．中国地方政府竞争：从产品、要素转向制度环境 [J]．南京社会科学，2004 (7)：56－61.

[132] 王冰，潘琰．新媒体披露对流动性的影响——来自微信的证据 [J]．华东经济管理，2017，31 (10)：143－150.

[133] 王帆，倪娟．公司治理、社会责任绩效与环境信息披露 [J]．山东社会科学，2016 (6)：129－134.

[134] 王建明．环境信息披露，行业差异和外部制度压力相关性研究——来自我国沪市上市公司环境信息披露的经验证据 [J]．会计研究，2008 (6)：54－62.

[135] 王媞．高管职业关注与公司环境信息披露 [D]．厦门大学，2017.

[136] 王文龙，焦捷，金占明等．企业主宗教信仰与企业慈善捐赠 [J]．清华大学学报（自然科学版），2015 (4)：443－451.

[137] 王霞，徐晓东，王宸．公共压力、社会声誉、内部治理与企业环境信息披露——来自中国制造业上市公司的证据 [J]．南开管理评论，2013 (2)：82－91.

[138] 王孝钰．高调的“底气”：基于公司微博业绩披露的交易策略 [J]．上海财经大学学报，2016 (4)：97－107.

[139] 王兴成．知识经济：技术因素，社会和人文因素分析 [J]．世界科技研究与发展，1998 (3)：89－92.

[140] 王翊，许晓卉．媒体报道、制度环境与公司社会责任履行 [J]．财经问题研究，2018 (12)：129－136.

[141] 王勇，郝翠红，施美程．环境污染激发公众环境关注了吗？[J]．财经研究，2018 (11)：106－124.

[142] 吴红军．环境信息披露、环境绩效与权益资本成本 [J]．厦门大学学报（哲学社会科学版），2014 (3)：129－138.

[143] 吴世农．公司财务的研究历史、现状与展望 [J]．南开

管理评论，2018（3）：4-10.

［144］吴双战，隋明太．适应中国特色军事变革 培养党和人民忠诚卫士［J］．求是，2004（15）：12-13.

［145］吴溪，王春飞，陆正飞．独立董事与审计师出自同门是“祸”还是“福”？——独立性与竞争—合作关系之公司治理效应研究［J］．管理世界，2015（9）：137-146.

［146］武剑锋，叶陈刚，刘猛．环境绩效、政治关联与环境信息披露——来自沪市A股重污染行业的经验证据［J］．山西财经大学学报，2015（7）：99-110.

［147］肖华，李建发，张国清．制度压力、组织应对策略与环境信息披露［J］．厦门大学学报（哲学社会科学版），2013（3）：33-40.

［148］肖华，张国清．公共压力与公司环境信息披露——基于“松花江事件”的经验研究［J］．会计研究，2008（5）：15-22.

［149］肖华，张国清，李建发．制度压力、高管特征与公司环境信息披露［J］．经济管理，2016（3）：168-180.

［150］熊浩，马贝贝，薛蔚．董事长—总经理老乡关系对现金持有水平影响的实证［J］．统计与决策，2020，542（2）：162-165.

［151］徐莉萍，赖丹丹，辛宇．不可承受之重：公司高管婚变的经济后果研究［J］．管理世界，2015（5）：117-133.

［152］徐巍，陈冬华．自媒体披露的信息作用——来自新浪微博的实证证据［J］．金融研究，2016（3）：157-173.

［153］徐秀燕．管理层未预期货币薪酬、绿色创新投入与企业环境会计信息披露［J］．财会通讯，2019（27）：48-52.

［154］徐圆．源于社会压力的非正式性环境规制是否约束了中国的工业污染？［J］．财贸研究，2014（2）：7-15.

［155］许冰娅．土地财政的起因及治理［J］．金融理论与教学，2019（6）：79-80，93.

[156] 闫文娟．财政分权，政府竞争与环境治理投资 [J]．财贸研究，2012 (5)：91 -97.

[157] 杨东平．中国环境发展报告 (2012) [M]．北京：社会科学文献出版社，2011.

[158] 杨海生，陈少凌，周永章．地方政府竞争与环境政策：来自中国省份数据的证据 [J]．南方经济，2008 (6)：15 -30.

[159] 杨涛，郭萌萌．投资者关注度与股票市场——以PM2.5概念股为例 [J]．金融研究，2019 (5)：190 -206.

[160] 杨熠，李余晓璐，沈洪涛．绿色金融政策、公司治理与企业环境信息披露——以502家重污染行业上市公司为例 [J]．财贸研究，2011 (5)：131 -139.

[161] 姚海博，王正斌，吕英．董事专业背景与企业环境信息披露质量研究 [J]．预测，2018 (6)：54 -60.

[162] 姚圣．政治关联、环境信息披露与环境业绩——基于中国上市公司的经验证据 [J]．财贸研究，2011 (4)：78 -85.

[163] 姚圣．企业管理层应对公共压力的环境信息披露策略：基于空间距离与同业模仿的理论框架 [J]．中国矿业大学学报（社会科学版），2017 (1)：72 -79.

[164] 姚圣，李诗依．环境信息披露具有处罚效应吗？ [J]．经济与管理，2017 (2)：68 -75.

[165] 姚圣，杨洁，梁昊天．地理位置、环境规制空间异质性与环境信息选择性披露 [J]．管理评论，2016 (6)：192 -204.

[166] 姚圣，张志鹏．重污染行业环境信息强制性披露规范研究 [J]．中国矿业大学学报（社会科学版），2021 (3)：25 -38.

[167] 姚圣，周敏．政策变动背景下企业环境信息披露的权衡：政府补助与违规风险规避 [J]．财贸研究，2017 (7)：99 -110.

[168] 姚洋，张牧扬．官员绩效与晋升锦标赛——来自城市数据的证据 [J]．经济研究，2013 (1)：137 -150.

[169] 叶陈刚，王孜，武剑锋，等．外部治理、环境信息披露与股权融资成本［J］．南开管理评论，2015，18（5）：85－96.

[170] 尹美群，张继东，刘帆．社会化网络媒体关注与审计费用——基于微博媒体数据的分析［J］．科学决策，2016（11）：18－38.

[171] 于连超，张卫国，毕茜．党组织嵌入与企业环境信息披露［J］．江西财经大学学报，2019（2）：91－109.

[172] 俞俊利，金鑫，梁上坤．高管地缘关系的治理效应研究：基于内部控制质量的考察［J］．会计研究，2018（6）：78－85.

[173] 张国清，肖华．高管特征与公司环境信息披露——基于制度理论的经验研究［J］．厦门大学学报（哲学社会科学版），2016（4）：84－95.

[174] 张华．地区间环境规制的策略互动研究——对环境规制非完全执行普遍性的解释［J］．中国工业经济，2016（7）：74－90.

[175] 张俊，钟春平．政企合谋与环境污染——来自中国省级面板数据的经验证据［J］．华中科技大学学报（社会科学版），2014（4）：89－97.

[176] 张凯泽，沈菊琴，徐沙沙，等．环境信息披露中的政企演化博弈——媒体监督视角［J］．北京理工大学学报（社会科学版），2019（3）：11－18.

[177] 张十根．CEO与董事间的“老乡”关系、内部控制质量与代理成本［J］．财经理论与实践，2019，40（4）：88－94.

[178] 张橦．新媒体视域下公众参与环境治理的效果研究——基于中国省级面板数据的实证分析［J］．中国行政管理，2018（9）：79－85.

[179] 张五常．中国的经济制度［M］．中信出版社，2009.

[180] 张秀敏，马默坤，陈婧．外部压力对企业环境信息披露的监管效应［J］．软科学，2016（2）：74－78.

[181] 张彦，关民．企业环境信息披露的外部影响因素实证研究 [J]. 中国人口·资源与环境，2009 (6)：103－106.

[182] 张长江，施宇宁，张龙平．绿色文化、环境绩效与企业环境绩效信息披露 [J]. 财经论丛，2019 (6)：83－93.

[183] 张兆国，曹丹婷，张弛．高管团队稳定性会影响企业技术创新绩效吗——基于薪酬激励和社会关系的调节作用研究 [J]. 会计研究，2018，374 (12)：48－55.

[184] 赵斌斌，钱士茹．总经理—董事长的“乡文化”能提高企业绩效吗？[J]. 安徽师范大学学报（人文社会科学版），2018，46 (5)：44－54.

[185] 赵梅，祝娜，姚颐，等．新媒体对审计师意见决策影响研究——以新浪微博为例 [J]. 系统工程理论与实践，2017 (7)：1805－1819.

[186] 赵民伟．管理者早期生活经历对公司投融资政策的影响研究 [D]. 湖南大学，2016.

[187] 赵萱，张列柯，郑开放．企业环境责任信息披露制度绩效及其影响因素实证研究 [J]. 西南大学学报（社会科学版），2015 (3)：64－74，190.

[188] 赵英煛，杜斌．新媒体时代环保传播的变迁及发展趋势 [J]. 中国人口·资源与环境，2013，23 (11)：119－121.

[189] 赵子忠，赵敬．新媒体与新闻 [M]. 北京：中国传媒大学出版社，2017.

[190] 郑春美，向淳．我国上市公司环境信息披露影响因素研究——基于沪市 170 家上市公司的实证研究 [J]. 科技进步与对策，2013 (12)：98－102.

[191] 郑若娟．中国重污染行业环境信息披露水平及其影响因素 [J]. 经济管理，2013 (7)：35－46.

[192] 郑思齐，万广华，孙伟增，等．公众诉求与城市环境

治理［J］. 管理世界，2013（6）：72－84.

［193］郑志刚．法律外制度的公司治理角色——一个文献综述［J］. 管理世界，2007（9）：136－147.

［194］周黎安．晋升博弈中政府官员的激励与合作——兼论我国地方保护主义和重复建设问题长期存在的原因［J］. 经济研究，2004（6）：33－40.

［195］周黎安．转型中的地方政府：官员激励与治理（第二版）［M］. 上海人民出版社，2017.

［196］周业安，宋紫峰．中国地方政府竞争30年［J］. 教学与研究，2009（11）：28－36.

［197］周一虹，陈文文．企业环境信息披露与环境责任保险［J］. 环境与可持续发展，2008（4）：38－40.

［198］周一虹，孙小雁．中国上市公司环境信息披露的实证分析——以2004年沪市A股827家上市公司为例［J］. 南京审计学院学报，2006（4）：22－25.

［199］朱金凤，薛惠锋．公司特征与自愿性环境信息披露关系的实证研究——来自沪市A股制造业上市公司的经验数据［J］. 预测，2008（5）：58－63.

［200］朱炜，孙雨兴，汤倩．实质性披露还是选择性披露：企业环境表现对环境信息披露质量的影响［J］. 会计研究，2019（3）：10－17.

［201］朱新玲，李娜．企业环境信息披露行业差异研究——来自重污染行业的经验证据［J］. 企业经济，2017（8）：23－29.

［202］邹欣．议程设置的博弈——主流新闻媒体与大学生舆论引导研究［M］. 北京：中国传媒大学出版社，2016.

［203］AERTS W，CORMIER D. Media legitimacy and corporate environmental communication［J］. Accounting，organizations and society，2009，34：1－27.

[204] AARONS G A, GLISSON C, GREEN P D, et al.. The organizational social context of mental health services and clinician attitudes toward evidence - based practice: a United States national study [J]. Implementation science, 2012, 7 (1): 1 - 15.

[205] AKHTARUDDIN M, HOSSAIN M A, HOSSAIN M, et al.. Corporate governance and voluntary disclosure in corporate annual reports of Malaysian listed firms [J]. Journal of applied management accounting research, 2009, 7 (1): 1 - 19.

[206] ALBERTI, M., L. CAINI, A. CALABRESE, D. ROSSI. Evaluation of the costs and benefits of an environmental management system [J]. International journal of production research, 2000, 38 (17): 4455 - 4466.

[207] ALCIATORE M L, DEE C C. Environmental disclosures in the oil and gas industry [J]. Advances in environmental accounting and management, 2006, 3 (6): 49 - 75.

[208] AL - TUWAIJRI S A, CHRISTENSEN T E, HUGHES, et al.. The relations among environmental disclosure, environmental performance, and economic performance: A simultaneous equations approach [J]. Accounting, organizations and society, 2004, 29: 447 - 471.

[209] BAICKER K. The spillover effects of state spending [J]. Journal of public economics, 2005 (89): 529 - 544.

[210] BANSAL P, ROTH K. Why companies go green: A model of ecological responsiveness [J]. Academy of management journal, 2000, 43: 717 - 736.

[211] BARTH M E, MCNICHOLS M F, WILSON G P. Factors influencing firms' disclosures about environmental liabilities [J]. Review of accounting studies, 1997, 2 (1): 35 - 64.

[212] BARTONE P T, SNOOK S A, TREMBLE T R. Cognitive

and personality predictors of leader performance in west point cadets [J]. Military psychology, 2002, 14: 321 -338.

[213] BAYOUD N S, KAVANAGH M, SLAUGHTER G. Factors influencing levels of corporate social responsibility disclosure by Libyan firms: A mixed study [J]. International journal of economics and finance, 2012, 4 (4): 13.

[214] BEAMS F A, FERTIG E. Pollution control through social cost conversion [J]. Journal of accountancy, 1971, 10: 37 -42.

[215] BEDARD K, DESCHENES O. The long - term impact of military service on health: Evidence from World WarII and Korean War veterans [J]. American economic review, 2006, 96: 176 -94.

[216] BELENZON S, PATACCONI A, ZARUTSKIE R. Married to the firm? A large - scale investigation of the social context of ownership [J]. Strategic management journal, 2016, 37: 2611 -2638.

[217] BENMELECH E, FRYDMAN C. Military CEOs [J]. Journal of financial economics, 2015, 117: 43 -59.

[218] BERNILE G, BHAGWAT V, RAU P R. What doesn't kill you will only make you more risk - loving: Early - life disasters and CEO behavior [J]. Journal of finance, 2017, 72: 167 -206.

[219] BERTRAND M, SCHOAR A. Managing with style: The effect of managers on firm policies [J]. Quarterly journal of economics, 2003, 4: 1169 -1208.

[220] BESLEY T, CASE A. Incumbent behavior: vote - seeking, tax - setting, and yardstick competition [J]. American economic review, 1995, 85: 145 -201.

[221] BEWLEY K, LI Y. Disclosure of environmental information by Canadian manufacturing companies: a voluntary disclosure perspective [J]. Advances in environmental accounting & management, 2000,

1：201－226.

[222] BIAN W, JI Y, ZHANG H. Does dialect similarity add value to banks? Evidence from China [J]. Journal of banking & finance, 2019 (101): 226－241.

[223] BIRT J L, BILSON C M, SMITH T, et al.. Ownership, competition, and financial disclosure [J]. Australian journal of management, 2006, 31 (2): 235－263.

[224] BOESSO G, KUMAR K. Drivers of corporate voluntary disclosure: A framework and empirical evidence from Italy and the United States [J]. Accounting, auditing & accountability journal, 2007, 20 (2): 269－296.

[225] BOUFFARD L A. Examing the relationship between military service and criminal behavior during the Vietnam era: a research note [J]. Criminology, 2003, 41: 491－510.

[226] BRAMMER S, PAVELIN S. Voluntary environmental disclosures by large UK companies [J]. Journal of business finance & accounting, 2006, 33: 1168－1188.

[227] BRAMMER S, PAVELIN S. Factors influencing the quality of corporate environmental disclosure [J]. Business strategy and the environment, 2008, 17 (2): 120－136.

[228] BROWN N, DEEGAN C M. The public disclosure of environmental performance information: A dual test of media agenda setting theory and legitimacy theory [J]. Accounting and business research, 1998, 29 (1): 21－41.

[229] BUCHANAN J M, ALBERT B. Competitive governments: An economic theory of politics and public finance [J]. Public choice, 1997, 93 (3): 523－524.

[230] BUCHANAN J. An economic theory of clubs [J]. Eco-

nomics, 1965, 32 (125): 1 – 14.

[231] BUSSE M, SILBERBERGER M. Trade in pollutive industries and the stringency of environmental regulations [J]. Applied economics letters, 2013, 20 (4): 320 – 323.

[232] CAI H, TREISMAN D. Did government decentralization cause China's economic miracle? [J]. World politics, 2006, 58 (4): 505 – 535.

[233] CAI Y, SEVILIR M. Board connections and M&A transactions [J]. Journal of financial economics, 2012, 103 (2): 327 – 349.

[234] CAMPBELL D J. Legitimacy theory or managerial reality construction? [J]. Accounting forum, 2000, 24 (1): 80 – 100.

[235] CHAKRABORTY D, MUKHERJEE S. How do trade and investment flows affect environmental sustainability? Evidence from panel data [J]. Environmental development, 2013, 6 (6): 34 – 47.

[236] CHO C H, PATTEN D M. The role of environmental disclosures as tools of legitimacy: A research note [J]. Accounting, organizations and society, 2007, 32: 639 – 647.

[237] CHOW C W, WONGBOREN A. Voluntary financial disclosure by Mexican corporations [J]. Accounting review, 1987, 62 (3): 533 – 541.

[238] CIARLEGLIO M M, ASLAN M, PROCTOR S P, et al.. Associations of stress exposures and social support with long – term mental health outcomes among U. S. Iraq War Veterans [J]. Behavior therapy, 2018, 49: 653 – 667.

[239] CLARKSON P M, LI Y, RICHARDSON G D, et al.. Revisiting the relation between environmental performance and environmental disclosure: an empirical analysis [J]. Accounting, organizations and society, 2008, 33: 303 – 327.

[240] COHEN J. Statistical power analysis for the behavioral sciences [M]. Hillsdale, NJ: Erlbaum, 1988.

[241] CONOVER T L. International financial reporting and analysis: A contextual emphasis [J]. International journal of accounting, 2000, 35 (3): 437-439.

[242] CORMIER D, GORDON I M. An examination of social and environmental reporting strategies [J]. Accounting, auditing & accountability journal, 2001, 14 (5): 587-617.

[243] CORMIER D, GORDON I M, MAGNAN M. Corporate environmental disclosure: Contrasting management's perceptions with reality [J]. Journal of business ethics, 2004, 49: 143-165.

[244] CORMIER D, MAGNAN M. Corporate environmental disclosure strategies: Determinants, costs and benefits [J]. Journal of accounting, auditing & finance, 1999, 14 (4): 429-451.

[245] CORMIER D, MAGNAN M, VELTHOVEN B V. Environmental disclosure quality in large German companies: Economic incentives, public pressures or institutional conditions? [J]. European accounting review, 2005, 14 (1): 3-39.

[246] CRAVEN B M, MARSTON C L. Financial reporting on the Internet by leading UK companies [J]. European accounting review, 1999, 8 (2): 321-333.

[247] CUMBERLAND. Efficiency and equity in interregional environmental management [J]. Review of regional studies, 1981, 2: 1-9.

[248] DA Z, ENGELBERG J, GAO P. In search of attention [J]. Journal of finance, 2011, 66 (5): 1461-1499.

[249] DALTON D R, DALTON C M. Integration of micro and macro studies in governance research: CEO duality, board composition, and financial performance [J]. Journal of management, 2011,

37 (2): 404 - 411.

[250] DARNALL N, HENRIQUES I, SADORSKY P. Adopting proactive environmental strategy: The influence of stakeholders and firm size [J]. Journal of management studies, 2010, 47 (6): 1072 - 1094.

[251] DARRELL W, SCHWARTZ B N. Environmental disclosures and public policy pressure [J]. Journal of accounting & public policy, 1997, 16 (2): 125 - 154.

[252] DAVIDSON R, DEY A, SMITH A. Executives' "Off - the - Job" behavior, corporate culture, and financial reporting risk [J]. Journal of financial economics, 2012, 23: 3119 - 3127.

[253] DE VILLIERS C, VAN STADEN C J. Shareholders' requirements for corporate environmental disclosures: A cross country comparison [J]. The british accounting review, 2010, 42: 227 - 240.

[254] DEEGAN C, GORDON B. A study of the environmental disclosure practices of Australian corporations [J]. Accounting and business research, 1996, 26 (3): 187 - 199.

[255] DEEGAN C, RANKIN M. Do Australian companies report environmental news objectively? [J]. Accounting, auditing & accountability journal, 1996, 9 (2): 50 - 67.

[256] DEEGAN C, RANKIN M, VOGHT P. Firms' disclosure reactions to major social incidents: Australian evidence [J]. Accounting forum, 2000, 24 (1): 101 - 130.

[257] DEHAAN E, SHEVLIN T J, THORNOCK J R. Market (in) attention and the strategic scheduling and timing of earnings announcements [J]. Journal of accounting & economics, 2015, 60 (1): 36 - 55.

[258] DELUGA R J. The relationship of leader and subordinate influencing activity in naval environments [J]. Military psychology,

1991，3：25－39.

[259] DIABAT A，GOVINDAN K. An analysis of the drivers affecting the implementation of green supply chain management [J]. Resources,conservation and recycling，2011，55（6）：659－667.

[260] DOBLER M，LAJILI K，ZÉGHAL D. Corporate environmental sustainability disclosures and environmental risk：Alternative tests of sociopolitical theories [J]. Journal of accounting & organizational change，2015，11（3）：301－332.

[261] DUFFY T. Military experience and CEOs：Is there a link? [R]. Korn/Ferry international report，2006.

[262] DYCK A，VOLCHDOVA N，ZINGALES L. The corporate governance role of the media：evidence from Russia [J]. Journal of finance，2008，63（3）：1093－1135.

[263] ELDER G H，GIMBEL C，IVIE R. Turning points in life：The case of military service and war [J]. Military psychology，1991，3：215－231.

[264] ENG L L，MAK Y T. Corporate governance and voluntary disclosure [J]. Journal of accounting and public policy，2003，22（4）：325－345.

[265] FAN J，WONG T，ZHANG T. Politically connected CEOs，corporate governance，and Post－IPO performance of China's newly partially privatized firms [J]. Journal of financial economics，2007，84：330－357.

[266] FORKER J J. Corporate governance and disclosure quality [J]. Accounting and business research，1992，22（86）：111－124.

[267] FRACASSI C，TATE G A. External networking and internal firm governance [J]. Journal of finance，2012，67（1）：153－194.

[268] FREEDMAN M，JAGGI B. Global warming，commitment

to the Kyoto protocol, and accounting disclosures by the largest global public firms from polluting industries [J]. International journal of accounting, 2005, 40 (3): 215-232.

[269] FREEMAN R E. Strategic management: A stakeholder approach [M]. Boston: Pitman, 1984.

[270] FROST G. The introduction of mandatory environmental reporting guidelines: Australian evidence [J]. Abacus, 2007, 43 (2): 190-216.

[271] FRYXELL G, EAND L W H. The influence of environmental knowledge and values on managerial behaviors on behalf of the environment: An empirical examination of managers in China [J]. Journal of business ethics, 2003, 46: 45-69.

[272] FUNKHOUSER G R. The issues of the sixties: An exploratory study in the dynamics of public opinion [J]. Public opinion quarterly, 1973, 37 (1): 62-75.

[273] GAO S S, HERAVI S, XIAO J Z. Determinants of corporate social and environmental reporting in Hong Kong: A research note [J]. Accounting forum, 2005, 29 (2): 233-242.

[274] GARCÍA-AYUSO M, LARRINAGA C. Environmental disclosure in Spain: Corporate characteristics and media exposure [J]. Spanish journal of finance and accounting, 2003, 32 (115): 184-214.

[275] GHAZALI N A M. Ownership structure and corporate social responsibility disclosure: Some Malaysian evidence [J]. Corporate governance, 2007, 7 (3): 251-266.

[276] GLISSON C, JAMES L R. The cross-level effects of culture and climate in human service teams [J]. Journal of organizational behavior, 2002, 23 (6): 767-794.

[277] GOEL A M, THAKOR A V. Overconfidence, CEO selec-

tion, and corporate governance [J]. Journal of finance, 2008, 63: 2737 – 2784.

[278] GORMAN L, LYNN T, MULGREW M. The influence of the news media on the corporate governance practices of Anglo – American listed PLCS [D]: [Doctoral dissertation]. Dublin: Dublin City University, 2010.

[279] GRAHAM J R, HARVEY C R, PURI M. Managerial attitudes and corporate actions [J]. Journal of financial economics, 2013, 109: 103 – 121.

[280] GRAHAM J R, NARASIMHAN K. Corporate survival and managerial experiences during the great depression [J]. SSRN electronic journal, 2004.

[281] GRAY R, JAVAD M, POWER D M, et al.. Social and environmental disclosure and corporate characteristics: A research note and extension [J]. Journal of business finance and accounting, 2001, 28 (3): 327 – 356.

[282] GRAY R, OWEN D, ADAMS C A. Accounting & accountability: changes and challenges in corporate social and environmental reporting [M]. Upper Saddle River: Prentice Hall, 1996.

[283] GRAY S J, VINT H M. The impact of culture on accounting disclosures: some international evidence [J]. Asia – pacific journal of accounting, 1995, 2 (1): 33 – 43.

[284] GUIDRY R P, PATTEN D M. Voluntary disclosure theory and financial control variables: An assessment of recent environmental disclosure research [J]. Accounting forum, 2012, 36 (2): 81 – 90.

[285] GÜNTHER M, HELLMANN T. International environmental agreements for local and global pollution [J]. Journal of environmental economics and management, 2017, 81: 38 – 58.

[286] HAMBRICK D C. Upper echelons theory: An update [J]. Academy of management review, 2007, 32: 334 -343.

[287] HAMBRICK D C, MASON P A. Upper echelons: The organization as a reflection of its top managers [J]. Academy of management review, 1984, 9: 193 -206.

[288] HEALY P M, PALEPU K G. Information asymmetry, corporate disclosure, and the capital markets: A review of the empirical disclosure literature [J]. Journal of accounting and economics, 2001, 31 (13): 405 -440.

[289] HEEDE R. Tracing anthropogenic carbon dioxide and methane emissions to fossil fuel and cement producers, 1854 -2010 [J]. Climatic change, 2014, 122: 229 -241.

[290] HENRIK C, ANIL K, MAKHIJA B, et al.. Behavioral consistency in corporate finance: CEO personal and corporate leverage [J]. Journal of financial economics, 2012, 103: 20 -40.

[291] HESS E H. Imprinting [J]. Science, 1959, 130: 133 -141.

[292] HIRSHLEIFER D, LIM S S, TEOH S H. Driven to distraction: Extraneous events and underreaction to earnings news [J]. Journal of finance, 2009, 64 (5): 2289 -2325.

[293] HIRSHLEIFER D, TEOH S H. Limited attention, information disclosure, and financial reporting [J]. Journal of accounting & economics, 2003, 36 (1): 337 -386.

[294] HOLMES J W. 21st century media effects: Choice, predispositions, and their impact on agenda setting and priming [D]: [Doctoral dissertation]. Minneapolis: University of Minnesota, 2009.

[295] HORNE R, STRENGERS Y, STREMPEL A. Policing and polluting: the role of practices in contemporary urban environmental pollution governance [J]. Environmental science & policy, 2016, 66:

112 -118.

[296] HU H C. The Chinese concepts of face [J]. American anthropologist, 1944, 46 (1): 45 -64.

[297] HUGHES S B, ERSON A, GOLDEN S. Corporate environmental disclosures: Are they useful in determining environmental performance? [J]. Journal of accounting and public policy, 2001, 20: 217 -240.

[298] HWANG B H, KIM S. It pays to have friends [J]. Journal of financial economics, 2009, 93 (1): 138 -158.

[299] HWANG B H, KIM S. It pays to have friends [J]. Journal of financial economics, 2009, 93 (1): 138 -158.

[300] HWANG. Face and favor: The Chinese power game [J]. American journal of sociology, 1987, 92 (4): 944 -974.

[301] IATRIDIS G E. Environmental disclosure quality: evidence on environmental performance, corporate governance and value relevance [J]. Emerging markets review, 2013, 14: 55 -75.

[302] ILMARI R, TARJA S, PAULA A, et al.. Differentiation of organizational climate and culture in public health and social services in Finland [J]. Journal of public health, 2011, 19 (1): 39 -47.

[303] ISHII J, XUAN Y. Acquirer - target social ties and merger outcomes [J]. Journal of financial economics, 2014, 112 (3): 344 -363.

[304] JACKSON J J, THOEMMES F, JONKMANN K, et al.. Military training and personality trait development [J]. Psychological science, 2012, 23: 270 -277.

[305] JENSEN M, ZAJAC E J. Corporate elites and corporate strategy: How demographic preferences and structural position shape the scope of the firm [J]. Strategic management journal, 2004, 25:

507 – 524.

[306] JEON S H. Agenda – setting effects of online newspapers: A pilot study of Korean online newspapers with bulletin boards [C]. New Orleans, LA, Paper presented at the annual meeting of the International Communication Association, 2004.

[307] JONES T M. Instrumental stakeholder theory: A synthesis of ethics and economics [J]. Academy of management review, 1995, 20 (2): 404 – 437.

[308] KAHNEMAN D. Attention and effort [M]. Englewood Cliffs, NJ: Prentice – Hall, 1973.

[309] KARIM K E, LACINA M J, RUTLEDGE R W. The association between firm characteristics and the level of environmental disclosure in financial statement footnotes [J]. Advances in environmental accounting & management, 2006, 3 (3): 77 – 109.

[310] KELLY S. Executive networks and firm policies: Evidence from the random assignment of MBA peers [J]. The review of financial studies, 2013, 26 (6): 1401 – 1442.

[311] KILLGORE W D S, COTTING D I, THOMAS J L, et al.. Post – combat invincibility: Violent combat experiences are associated with increased risk – taking propensity following deployment [J]. Journal of psychiatric research, 2008, 42: 1112 – 1121.

[312] KIM O, VERRECCHIA R E. Market liquidity and volume around earnings announcements [J]. Journal of accounting and economics, 1994, 17 (1 – 2): 41 – 67.

[313] KISH – GEPHART J J, CAMPBELL J T. You don't forget your roots: The influence of CEO social class background on strategic risk taking [J]. Academy of management journal, 2015, 58: 1614 – 1636.

[314] KOCH – BAYRAM I F, WERNICKE G. Drilled to obey?

Ex – military CEOs and financial misconduct [J]. Strategic management journal, 2018, 39: 2943 – 2964.

[315] LAINE M. Ensuring legitimacy through rhetorical changes? A longitudinal interpretation of the environmental disclosures of a leading Finnish chemical company [J]. Accounting, auditing & accountability journal, 2009, 22 (7): 1029 – 1054.

[316] LANGPAP C, SHIMSHACK J. Private citizen suits and public enforcement: Substitutes or complements [J]. Environmental economics and management, 2010, 59 (3): 235 – 249.

[317] LAW K K F, MILLS L F. Military experience and corporate tax avoidance [J]. Review of accounting studies, 2017, 22: 141 – 184.

[318] LEE G. Priming as an aspect of agenda setting effects in the digital age [C]. New York: Paper presented at the annual meeting of the International Communication Association, 2005.

[319] LEE J, LEE K J, NAGARAJAN N J. Birds of a feather: value implications of political alignment between top management and directors [J]. Journal of financial economics, 2014, 112: 232 – 250.

[320] LEE L Y, VEASNA S. The effects of social exchange perspective on employee creativity: a multilevel investigation [J]. Psychology research, 2013, 11 (3): 660 – 678.

[321] LEE T M, HUTCHISON P D. The decision to disclose environmental information: a research review and agenda [J]. Advances in accounting, 2005, (21): 83 – 111.

[322] LEWIS B W, WALLS J L, DOWELL G W S. Difference in degrees: CEO characteristics and firm environmental disclosure [J]. Strategic management journal, 2014, 35: 712 – 722.

[323] LI H Y, ZHANG Y. The role of managers' political networking and functional experience in new venture performance: evidence

from China's transition economy [J]. Strategic management journal, 2007, 28: 791 -804.

[324] LI H, ZHOU L A. Political turnover and economic performance: the disciplinary role of personnel control in China [J]. Journal of public economics, 2003, 89 (9): 1743 -1762.

[325] LI J, TANG Y. CEO hubris and firm risk taking in China: the moderating role of managerial discretion [J]. Academy of management journal, 2010, 53: 45 -68.

[326] LI L, LIU Q, TANG D, et al.. Media reporting, carbon information disclosure, and the cost of equity financing: evidence from China [J]. Environmental science & pollution research, 2017, 24 (10): 1 -13.

[327] LI Q, LI T, CHEN H T, et al.. Executives' excess compensation, legitimacy, and environmental information disclosure in Chinese heavily polluting companies: the moderating role of media pressure [J]. Corporate social responsibility and environmental management, 2019, 26 (1): 248 -256.

[328] LI Q, RUAN W J, SHAO W J, et al.. Information disclosure in an environmental emergency [J]. Disaster prevention & management, 2017, 26 (2): 134 -147.

[329] LIAO L, LUO L, TANG Q L. Gender diversity, board independence, environmental committee and greenhouse gas disclosure [J]. The British accounting review, 2015, 47 (4): 409 -424.

[330] LIN CH, YUE M, MICAH S. CEOs' military experience, agency costs andacquisition decisions [R]. Working paper, 2011.

[331] LINDGREEN A, SWAEN V, JOHNSTON W J. Corporate social responsibility: an empirical investigation of US organizations [J]. Journal of business ethics, 2008, 85 (2): 303 -323.

[332] LING Q, MOWEN M M. Competitive strategy and voluntary environmental disclosure: evidence from the chemical industry [J]. Accounting and the public interest, 2013, 13 (1): 55 – 84.

[333] LIU X, ANBUMOZHI V. Determinant factors of corporate environmental information disclosure: an empirical study of Chinese listed companies [J]. Journal of cleaner production, 2009, 17 (6): 593 – 600.

[334] LORENZ K. Der kumpan in der umwelt des vogels [J]. Journal für ornithologie, 1935, 83: 289 – 413.

[335] LUO J, XIANG Y, ZHU R. Military top executives and corporate philanthropy: evidence from China [J]. Asia pacific journal of management, 2017, 34: 725 – 755.

[336] LYNN M. A note on corporate social disclosure in Hong Kong [J]. The British accounting review, 1992, 2 (2): 105 – 110.

[337] MAGNESS V. Strategic posture, financial performance and environmental disclosure: an empirical test of legitimacy theory [J]. Accounting, auditing & accountability journal, 2011, 19 (4): 540 – 563.

[338] MALMENDIER U, GEOFFREY A T. CEO overconfidence and corporate investment [J]. Journal of finance, 2005, 60: 2660 – 2700.

[339] MALMENDIER U, NAGEL S. Depression babies: do macroeconomic experiences affect risk taking? [J]. The quarterly journal of economics, 2011a, 126: 373 – 416.

[340] MALMENDIER U, TATE G, YAN J. Overconfidence and early – life experiences: the effect of managerial traits on corporate financial policies [J]. Journal of finance, 2011b, 66: 1687 – 1733.

[341] MARLIN J T. Accounting for pollution [J]. Journal of ac-

countancy, 1973: 41 – 46.

[342] MARQUIS C, HUANG Z. Acquisitions as exaptation: the legacy of founding institutions in the U. S. commercial banking industry [J]. Academy of management journal, 2010, 53: 1441 – 1473.

[343] MARQUIS C, LEE M. Who is governing whom? Executives, governance, and the structure of generosity in large U. S. firms [J]. Strategic management journal, 2013a, 34: 483 – 497.

[344] MARQUIS C, TILCSIK A. Imprinting: toward a multilevel theory [J]. The academy of management annals, 2013b, 7: 195 – 245.

[345] MCCOMBS M E, SHAW D L. The agenda – setting function of mass media [J]. Public opinion quarterly, 1972, 36 (2): 176 – 187.

[346] MCCOMBS M, CARROLL E C. Agenda – setting effects of business news on thepublic's images and opinions about major corporations [J]. Corporate reputation review, 2003 (6): 36 – 46.

[347] MENG X H, ZENG S X, LEUNG A W T, et al.. Relationship between top executives' characteristics and corporate environmental responsibility: evidence from China [J]. Human and ecological risk assessment, 2015, 21: 466 – 491.

[348] MENG X H, ZENG S X, SHI J J, et al.. The relationship between corporate environmental performance and environmental disclosure: an empirical study in China [J]. Journal of environmental management, 2014, 145: 357 – 367.

[349] MENG X H, ZENG S X, TAM C M, et al.. Whether top executives' turnover influences environmental responsibility: from the perspective of environmental information disclosure [J]. Journal of business ethics, 2013, 114: 341 – 353.

[350] MICHAELS A, GRÜNING M. Relationship of corporate so-

cial responsibility disclosure on information asymmetry and the cost of capital [J]. Journal of management control, 2017, 28: 251 -274.

[351] MILLER T C, KENYON D A, KINCAID J. Competition among states and local governments: efficiency and equity in American federalism [J]. Acoustics speech & signal processing newsletter IEEE, 1991, 22 (1): 154.

[352] MILNE M J, PATTEN D M. Securing organizational legitimacy: an experimental decision case examining the impact of environmental disclosures [J]. Accounting, auditing & accountability journal, 2002, 15 (3): 372 -405.

[353] MONTEIRO D S S M, AIBAR - GUZMAN B. Determinants of environmental disclosure in the annual reports of large companies operating in Portugal [J]. Corporate social responsibility and environmental management, 2010, 17 (4): 185 -204.

[354] MORENO - JIMÉNEZ A, CAÑADA - TORRECILLA R, VIDAL - DOMÍNGUEZ M J, et al.. Assessing environmental justice through potential exposure to air pollution: a socio - spatial analysis in Madrid and Barcelona, Spain [J]. Geoforum, 2016, 69: 117 -131.

[355] MORONEY R, WINDSOR C, YONG T A. Evidence of assurance enhancing the quality of voluntary environmental disclosures: an empirical analysis [J]. Accounting & finance, 2012, 52 (3): 903 -939.

[356] MURRAY A, SINCLAIR D, POWER D, et al.. Do financial markets care about social and environmental disclosure [J]. Accounting auditing & accountability journal, 2006, 19 (2): 228 -255.

[357] NOR N M, BAHARI N A S, ADNAN N A, et al.. The effects of environmental disclosure on financial performance in Malaysia [J]. Procedia economics & finance, 2016, (35): 117 -126.

[358] OATES W E. Fiscal Federalism [M]. New York: Harcourt Brace Jovanovich, 1972.

[359] OATES W E, SCHWAB R M. Economic competition among jurisdictions: efficiency enhancing or distortion inducing [J]. Journal of public economics, 1988, 35 (3): 333 – 354.

[360] OU A Y, TSUI A S, KINICKI A J, et al.. Humble chief executive officers' connections to top management team integration and middle managers' responses [J]. Administrative science quarterly, 2014, 59: 34 – 72.

[361] PATTEN D M. The relation between environmental performance and environmental disclosure: a research note [J]. Accounting, organizations and society, 2002, 27: 763 – 773.

[362] PATTEN, DENNIS M. Intra – industry environmental disclosures in response to the Alaskan oil spill: a note on legitimacy theory [J]. Accounting organizations & society, 1992, 17 (5): 471 – 475.

[363] PENG L, XIONG W. Investor attention, overconfidence and category learning [J]. Journal of financial economics, 2006, 80 (3): 563 – 602.

[364] PETERS G F, ROMI A M. Discretionary compliance with mandatory environmental disclosures: evidence from SEC filings [J]. Journal of accounting and public policy, 2013, 32 (4): 213 – 236.

[365] QIAN Y Y, ROLAND G. Federalism and the soft budget constraint [J]. American Economic Review, 1998, 88 (5): 1143 – 1162.

[366] QIAN Y Y, WEINGAST B R. Federalism as a commitment to reserving market incentives [J]. Journal of economic perspectives, 1997, 11 (4): 83 – 92.

[367] QUE W, ZHANG Y B, LIU S B, et al.. The spatial effect of fiscal decentralization and factor market segmentation on envi-

ronmental pollution [J]. Journal of cleaner production, 2018, 184: 402-413.

[368] RAHMAN A R, TAY T M, ONG B K, et al.. Quarterly reporting in a voluntary disclosure environment: its benefits, drawbacks and determinants [J]. The international journal of accounting, 2017, 42: 416-442.

[369] RAMANATHAN K V. Toward a theory of corporate social accounting [J]. Accounting review, 1976, 51 (3): 516-528.

[370] RAO K K, TILT C A, LESTER L H. Corporate governance and environmental reporting: an Australian study [J]. Corporate governance: the international journal of business in society, 2011, 12 (2): 143-163.

[371] REVERTE C. Determinants of corporate social responsibility disclosure ratings by Spanish listed firms [J]. Journal of business ethics, 2009, 88 (2): 351-366.

[372] RULAND W, TUNG S, GEORGE N E. Factors associated with the disclosure of managers' forecasts [J]. The accounting review, 1990, 65 (3): 710-721.

[373] RUPLEY K H, BROWN D, MARSHALL R S. Governance, media and the quality of environmental disclosure [J]. Journal of accounting & public policy, 2012, 31 (6): 610-640.

[374] SAID R, OMAR N, ABDULLAH W N. Empirical investigations on boards, business characteristics, human capital and environmental reporting [J]. Social responsibility journal, 2013, 9 (4): 534-553.

[375] SALEH M, ZULKIFLI N, MUHAMAD M. Corporate social responsibility disclosureand its relation on institutional ownership: evidence from public listed companies in Malaysia [J]. Managerial auditing

journal, 2010, 25 (6): 591 - 613.

[376] SCHMIDT B. Costs and benefits of friendly boards during mergers and acquisitions [J]. Journal of financial economics, 2015, 117 (2): 424 - 447.

[377] SHARMA S. Managerial interpretations and organizational context as predictors of corporate choice of environmental strategy [J]. Academy of management journal, 2000, 43 (4): 681 - 697.

[378] SLATER D J, DIXON - FOWLER H R. The future of the planet in the hands of MBAs: an examination of CEO MBA education and corporate environmental performance [J]. Academy of management learning and education, 2010, 9 (3): 429 - 441.

[379] SODA G, USAI A, ZAHEER A. Network memory: the influence of past and current networks on performance [J]. The academy of management journal, 2004, 47: 893 - 906.

[380] SOLOMON A, LEWIS L. Incentives and disincentives for corporate environmental disclosure [J]. Business strategy and the environment, 2002, 11: 154 - 169.

[381] STINCHCOMBE A L. Social structure and organizations [J]. Handbook of organizations, 1965: 142 - 193.

[382] SUCHMAN M C. Managing legitimacy: strategic and institutional approaches [J]. Academy of management review, 1995, 20: 571 - 610.

[383] SUNDER J, SUNDER S V, ZHANG J. Pilot CEOs and corporate innovation [J]. Journal of financial economics, 2017, 123: 209 - 224.

[384] SWAMINATHAN A. Environmental conditions at founding and organizational mortality: a trial - by - fire model [J]. Academy of management journal, 1996, 39: 1350 - 1377.

[385] TAYLOR L. Infrastructural competition among jurisdictions [J]. Journal of public economics, 1992, 49 (2): 241 –259.

[386] TIAN J, PENG J, ZHOU Y. The practice of policy about corporate environmental information disclosure in China: data from A – share listed companies of heavy polluting industries [J]. Canadian social science, 2014, 10 (1): 26 –36.

[387] TIEBOUT C M. A pure theory of local expenditures [J]. Journal of political economy, 1956, 64 (5): 416 –424.

[388] TSAI K S. Off balance: the unintended consequences of fiscal federalism in China [J]. Journal of Chinese political science, 2004, 9 (2): 1 –26.

[389] ULLMANN A A. Data in search of a theory: a critical examination of the relationships among social performance, social disclosure, and economic performance of US firms [J]. Academy of management review, 1985, 10: 540 –557.

[390] VERRECCHIA R E. Discretionary disclosure [J]. Journal of accounting & economics, 1983, 5: 179 –194.

[391] VOLLAARD B. Temporal displacement of environmental crime: evidence from marine oil pollution [J]. Journal of environmental economics & management, 2017 (82): 168 –180.

[392] WALDEN W D, SCHWARTZ B N. Environmental disclosures and public policy pressure [J]. Journal of accounting and public policy, 1997, 16 (2): 125 –154.

[393] WALLEY N, WHITEHEAD B. It's not easy being green [J]. Harvard business review, 1994, 72 (2): 46 –52.

[394] WANSINK B, PAYNE C R, ITTERSUM K V. Profiling the heroic leader: empirical lessons from combat – decorated veterans of World WarII [J]. The leadership quarterly, 2008, 19: 547 –555.

[395] WATSON A, SHRIVES P, MARSTON C. Voluntary disclosure of accounting ratios in the UK [J]. British accounting review, 2002, 34 (4): 289 - 313.

[396] WEI J, OUYANG Z H, CHEN A. CEO characteristics and corporate philanthropic giving in an emerging market: the case of China [J]. Journal of business research, 2018, 87: 1 - 11.

[397] WILMSHURST T, FROST G. Corporate environmental performance: a test of legitimacy theory [J]. Accounting auditing & accountability journal, 2000, 13 (1): 10 - 26.

[398] WILSON J D. Theories of tax competition [J]. National tax journal, 1999, 52 (2): 269 - 304.

[399] WISEMAN J. An evaluation of environmental disclosures made in corporate annual reports [J]. Accounting, organizations and society, 1982, 7: 53 - 63.

[400] WONG L, BLIESE P, MCGURK D. Military leadership: a context specific review [J]. The leadership quarterly, 2003, 14: 657 - 692.

[401] WOODRUFFE. Winning the talent [M]. New York: John Wiley and Sons, LTD., 1999: 75 - 78.

[402] WOODS N D. Interstate competition and environmental regulation: a test of the race - to - the - bottom thesis [J]. Social science quarterly, 2006, 87 (1): 174 - 189.

[403] YAGADE A, DOZIER D M. The media agenda - setting effect of concrete versus abstract issues [J]. Journalism & mass communication quarterly, 1990, 67 (1): 3 - 10.

[404] YERMACK D. Higher market valuation of companies with a small board of directors [J]. Journal of financial economics, 1996, 40 (2): 185 - 211.

[405] YU J, ZHOU L A, ZHU G. Strategic interaction in political competition: evidence from spatial effects across Chinese cities [J]. Regional science and urban economics, 2016 (57): 23 - 37.

[406] ZENG S X, XU X D, DONG Z Y, et al.. Towards corporate environmental information disclosure: an empirical study in China [J]. Journal of cleaner production, 2010, 18: 1142 - 1148.

[407] ZHOU M, WANG T, YAN L, et al.. Has economic competition improved China's provincial energy ecological efficiency under fiscal decentralization? [J]. Sustainability, 2018, 10 (7): 2483.

[408] ZINGALES L. The "cultural revolution" in finance [J]. Journal of financial economics, 2015, 117 (1): 1 - 4.

[409] ZUCKER H G. The variable nature of news media influence [J]. Communication yearbook, 1978 (2): 225 - 240.